信息化背景下高校本科教学改革研究

周 燕 著

北京工业大学出版社

图书在版编目（CIP）数据

信息化背景下高校本科教学改革研究 / 周燕著 . ——
北京：北京工业大学出版社，2021.5（2022.10 重印）
ISBN 978-7-5639-7996-7

Ⅰ . ①信… Ⅱ . ①周… Ⅲ . ①高等学校－教学改革－
研究－中国 Ⅳ . ① G642.0

中国版本图书馆 CIP 数据核字（2021）第 111506 号

信息化背景下高校本科教学改革研究
XINXIHUA BEIJING XIA GAOXIAO BENKE JIAOXUE GAIGE YANJIU

著　　者： 周　燕
责任编辑： 刘　蕊
封面设计： 知更壹点
出版发行： 北京工业大学出版社
　　　　　　（北京市朝阳区平乐园 100 号　邮编：100124）
　　　　　　010-67391722（传真）　bgdcbs@sina.com
经销单位： 全国各地新华书店
承印单位： 三河市元兴印务有限公司
开　　本： 710 毫米 ×1000 毫米　1/16
印　　张： 10.25
字　　数： 205 千字
版　　次： 2021 年 5 月第 1 版
印　　次： 2022 年 10 月第 2 次印刷
标准书号： ISBN 978-7-5639-7996-7
定　　价： 58.00 元

前　　言

如今，几乎所有的高校都在寻求改善教学质量、提高管理效率的解决方案。尤其是在信息技术迅猛发展、资源海量增长的背景下，教学信息化建设怎样适应人才培养改革与社会需要，是迫切需要解决的问题。各高校本科教学信息化建设经过二十多年的发展，取得了一定成效，但在互联网高度发达的今天，移动技术、人工智能、大数据等高新技术对高等教育的影响更加广泛，在信息化背景下，高校本科教学改革已成为如今大部分高校关注的焦点。

全书共七章。第一章为绪论，主要阐述了信息与信息技术、信息技术与现代教育媒体的发展、教育信息化概述等内容；第二章为高校本科教学信息技术应用现状，主要阐述了信息技术对本科教学产生的影响、高校本科教学信息技术应用存在的问题、高校本科教学信息技术应用存在问题的原因等内容；第三章为慕课对高校本科教学关键要素的挑战，主要阐述了慕课风暴中高校师生角色的转变、慕课对高校本科教学资源的挑战、慕课对高校本科教学方式的挑战、慕课对高校本科教学评价的挑战等内容；第四章为信息化背景下本科课堂教学的改革，主要阐述了本科课堂教学相关要素、国外高校课堂教学的启示、信息技术与高校本科教学课程的整合分析等内容；第五章为信息化背景下高校本科实践教学体系的构建，主要阐述了高校本科实践教学基地、高校本科实践教学的手段、高校本科实践教学体系的构建等内容；第六章为信息化背景下高校本科教学质量标准的建构，主要阐述了高校本科教学质量标准概述、高校本科教学质量标准的系统集成、高校本科教学质量标准的建立等内容；第七章为信息化背景下本科院校应用型人才的培养，主要阐述了本科院校培养应用型人才的缘由、本科院校人才培养模式的演进分析、本科院校应用型人才培养改革的相关维度、本科院校应用型人才培养改革的相关措施等内容。

为了确保研究内容的丰富性和多样性，在写作过程中，作者参考了大量理论与研究文献，在此向涉及的专家学者表示衷心的感谢。

最后，限于作者水平有限，本书难免存在一些疏漏及不足之处，在此，恳请同行专家和读者朋友批评指正！

目　　录

第一章 绪 论

自从步入 21 世纪，我国的现代科技得到了迅猛发展，经济实力也得到了显著提升。所以，在目前的教育环境下，信息技术不仅仅是教师教学的得力助手，也成为各个学段学生所需要掌握的重要技能。本章主要分为信息与信息技术、信息技术与现代教育媒体的发展，以及高等教育信息化的要素与特征三部分，主要内容包括信息与信息技术的应用、发展和信息化的特征等方面。

第一节 信息与信息技术

一、信息

（一）信息的概念

由于信息的多样性和应用领域的不同，信息的定义出现了不同的理解和描述方法。国内普遍认同的观点有以下几种。

①信息论创始人香农认为：信息是不确定量的减少，用来消除随机不确定性的东西，指的是有新内容或新知识的消息。因此，信息可以帮助人们消除认识上的不确定性。

②控制论的奠基人维纳则提出：信息就是信息，不是物质，也不是能量，它是区别于物质与能量的第三类资源。物质、能量和信息是构成世界的三大要素，是人类赖以生存的三种资源。

③我国信息论专家钟义信教授认为：信息是事物运动的状态和方式，也就是事物内部结构和外部联系的状态和方式。

④我国有些专家学者认为：信息是对事物运动的状态和方式的表征，能够消除认识上的不确定性。

⑤也有专家学者认为：信息是指以文字符号、声音、图形、图像等形式作为载体，通过各种途径传播的内容。

（二）信息的载体形式

信息本身不是实体，必须通过一定的载体才能够进行存储、传递和表现。符号、文字、语言、图形、图像、视频、音频和动画等都可以承载信息，是信息的载体形式，也是信息的常见表现形态。没有无载体的信息，没有载体便没有信息。

（三）信息的传播过程

信息的传播由信息的发出方发出，通过不同的载体和途径进行传播，到达信息接收方，然后确定接收效果及作用。

其基本过程如图 1-1 所示。

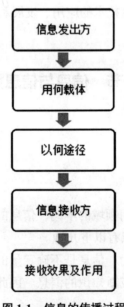

图 1-1　信息的传播过程

（四）信息的接收方式

人们通过眼睛、耳朵、鼻子、舌头、皮肤等感觉器官接收信息，主要的接收方式是视觉、听觉、嗅觉、味觉、触觉等。例如，医生通过听诊器了解病人的心率，其信息接收方式是听觉；听障人士主要通过视觉来接收信息；视障人士主要通过听觉和触觉来接收信息。

（五）信息的基本特征

第一，传递性信息的传递打破了时间和空间的限制。例如，甲骨文上记录的内容。

第二，共享性信息作为一种资源，通过交流可以在不同个体或者群体间共享。例如，萧伯纳的"苹果论"。

第三，依附性和可处理性信息不能独立存在，必须依附于一种或多种载体才能够表现出来，为人们所接受，并按照某种需要进行处理和存储。同一条信息可以依附于不同的载体。

第四，价值相对性信息只能满足某些群体某些方面的需要，也就是说有些信息对某些人有用、对某些人没用，其价值是相对的。

第五，时效性信息不是一成不变的东西，它会随着客观事物的变化而变化，反映事物某一特定时刻的状态。例如，交通信号、股市行情、天气预报等。

第六，人们接收到的信息并非都是对事物的真实反映，因此信息具有真伪性。例如，诸葛亮的"空城计"和孙膑的"减灶退敌"的故事。

此外，信息还具有普遍性、不完全性等特征。

（六）获取信息的基本过程

获取信息首先要确定信息需求，然后寻找信息，确定信息来源，进行信息采集，最后保存信息。

其基本过程如图 1-2 所示。

图 1-2　获取信息的基本过程

二、信息资源

(一) 信息资源的含义

资源是指自然界和人类社会中一切可以用来创造物质财富和精神财富且达到一定量的客观存在形态。国内外学者对信息资源有不同的理解。有人认为，信息资源是指未经人们开发加工的原始信息，如各种自然信息、机器信息和社会现象信息。这种理解把信息资源与人们常说的"矿产资源""海洋资源"等相对应；也有人认为，信息资源就是信息，包括各种信息，只是把信息当作一种资源来加以认识、开发和利用。

钟义信认为，"信息资源包括各种各样的信息库"。还有人认为，信息资源是指与信息生产、利用等有关的一切资源，包括信息资料、信息人才、信息技术等，或者是信息活动中各种要素的总和，包括信息、人才、设备、技术等。这是对信息资源较为广义的理解。在较发达国家，人们多数认为信息资源是信息活动中各种要素的总和。我国大部分学者则倾向于把信息资源理解为文字、图像、声音等多种媒介和形式的信息。

我们认为，信息资源有广义和狭义的理解。广义上说，信息资源是可以用于创造物质财富和精神财富的各种信息及其相应的人才和技术等，是与信息活动相关的资源的总称。狭义的信息资源是指可供人类用来创造财富的各种信息。

(二) 信息资源的类型

根据载体和存储方式的不同，信息资源可划分为天然型信息资源、实物型信息资源、智力型信息资源、文献型信息资源和网络型信息资源。

天然型信息资源是以天然物质为载体的信息资源。天然型信息资源分布十分广泛，是没有经过人脑加工的信息资源，更新速度较慢。这种类型的信息资源是科学研究的原材料，科研人员，尤其是自然科学研究人员主要通过对这种天然型信息资源进行加工来认识自然、认识世界。

实物型信息资源是指以人造物质产品为载体的信息资源，如新研制的产品的模型、样品等。实物型信息资源直观性与隐蔽性同在，真实可靠且不易失真，但传递和保存不便。实物型信息资源实质上是物质资源，所以人们一般利用其物质属性。但当人们利用其信息属性时，物质资源就成了实物型信息资源。

智力型信息资源是指以人脑为载体的信息资源。智力型信息资源的存储载体是人脑，传播载体是语言；内容较新颖，更新速度快；不便于保存且易失真；交流和传递范围有限。

文献型信息资源是指以纸张等传统介质和磁盘、光盘、胶卷等现代介质为载体的信息资源。文献型信息资源内容广泛，类型多样；质量较高，具有不同的加工深度；传递较方便，传播范围广；便于保存和利用。

网络型信息资源是一切投入互联网的电子化资源的总称，主要包括将原本相互独立、分布于不同地域的数据库、信息中心、图书馆等，由信息网络联结在一起的信息资源；以网络形式出版的信息资源（网络出版物）；仅在网上交流的信息资源。网络型信息资源具有内容丰富、质量高低不一、数量大、增长快、传递速度快、可跨国界流动和传递等特点。

按其内容性质不同，信息资源可划分为政治信息资源、法律信息资源、科技信息资源、经济信息资源、管理信息资源等。

政治信息资源主要由政治制度、国内外政治态势、国家方针政策信息等构成。

法律信息资源主要由法律制度，法律体系，立法、司法和各种法规信息构成。

科技信息资源是与科学、技术的研究、开发、推广、应用等有关的信息。

经济信息资源是指反映经济现象的各种有用信息的总和。其内容繁多，包括国家经济政策信息、社会生产力发展信息、国民经济比例与结构信息、生产经营信息、市场供求信息、金融信息等。

管理信息资源是各行业、各层次管理与决策活动中形成的，并对管理过程、效果等进行反映的信息。

三、信息技术

（一）信息技术的含义

信息技术（IT，Information Technology）是指一切与信息的获取、加工、表达、交流、管理和评价等有关的技术。目前，信息技术主要包括计算机技术、通信技术、传感技术、微电子技术等。

（二）信息技术的产生与发展

1945 年，美国生产了第一台全自动电子数字计算机"埃尼阿克"（ENIAC，

Electronle Numerical Integrator and Calculator）。它的体积 3000 立方英尺（约 84.95 立方米），占地 170 平方米，重 30 吨，是一个名副其实的"庞然大物"。但其问世具有划时代的意义，它表明计算机时代的到来，在以后的几十年里，计算机技术发展异常迅速。有专家认为，在人类科技史上还没有一种学科的发展速度可以与电子计算机的发展速度相提并论。

信息技术的发展引起了人类社会全面而深刻的变革，促进了社会的进步，使人类社会由工业社会迈向信息社会。在信息社会，几千年来形成的信息传递方式、人际间的沟通方式和社会管理组织方式等诸多方面都发生了极大的变化，它们深刻地影响着社会经济生活的运行和民主政治建设的发展。信息资源已经成为与物质资源同等重要的资源。信息高速、广泛传送的特点，使世界形成了一个没有边界的信息空间。随着知识创新和技术创新的不断推进，物质生产与知识生产相结合，硬件制造与软件制造相结合，传统经济与信息网络技术相结合，形成推动 21 世纪经济和社会发展的强大动力。

当年有专家认为，1950 年，人类的知识总量翻一番要用 50 年；2020 年，人类的知识总量翻一番只需要 73 天。人类社会信息总量的猛增，计算机功不可没。21 世纪是信息化的世纪，信息是政治、经济、文化、意识形态、价值观的载体。在信息时代，信息已成为重要的战略资源，信息产业成为国家的支柱产业，信息安全成为最重要的安全因素，信息网络成为国家重要的战略基础设施。

（三）现代信息技术的特点

1. 现代信息技术的高技术性

现代信息技术是一种高技术。"高技术"一词在西方国家最早出现于 20 世纪 70 年代，目前国际上还没有统一的定义。不过，越来越多的人认为，"高技术"是指那些对一个国家或地区的经济、社会和军事有重大影响，能形成新兴产业的先进技术。这就给"高技术"赋予了双重的解释，即技术上是高端的、社会和经济意义是重大的。高技术同新兴技术和尖端技术不是同一概念。新兴技术和尖端技术一般只指技术本身，而高技术总是密切地同某些特定的产品或产业相联系。具体而言，尖端技术是一种空间排列的概念，指在技术结构体系中处于顶端或最前沿的那一部分；新兴技术是一种时序排列的概念，指出现时间较短或相对传统技术具有新质特征的技术；高技术更强调技术的功能和社会经济效益，具有更广泛的科技、经济、社会意义。高技术并不是只指某一单项的技术，而是一个技术群。目前，国际上公认的高技术包括电子信息技术、生物技术、新材料技术、新能源技术、空间技术、海洋开发技术等。

2. 现代信息技术的先进性

与传统信息技术相比，现代信息技术在性能上具有明显的先进性。现代信息技术的先进性主要表现为传递信息速度快、范围广、保真性能好；处理信息速度快、准确性高；存储信息密度高、容量大；显示信息图文声像并茂；能以更少的时间，完成更多的工作，取得更好的效果。

3. 现代信息技术更新的快速性

与传统信息技术相比，现代信息技术更新快、发展迅速。比如，作为现代信息技术基础的微电子技术的发展是建立在晶体管原理之上的。1948 年，美国贝尔实验室研究出了晶体管，20 世纪 50 年代出现了集成电路，60 年代初期集成电路达到小规模集成水平，60 年代中后期达到中规模集成水平，70 年代达到可在一个芯片上集成 20 多万个元件的大规模集成水平，80 年代达到了超大规模集成水平。20 世纪 50 年代，计算机技术的主要标志是编程计算，60 年代是数据处理，70 年代是计算机网络，80 年代是模式识别，90 年代是专家系统和人工智能。再就通信技术而言，1876 年人类开始进入电气通信时代；1895 年波波夫和马可尼用他们发明的协电指示器接收到协电产生的电波，从而揭开了无线电通信的序幕；1957 年苏联发射了第一颗人造地球卫星，开启了人类利用卫星通信的新时期；1976 年世界上安装了第一条试验性光纤通信线路，此后光纤通信得到迅速发展；从 20 世纪 60 年代起，数字传输技术逐步兴起，由于计算机在通信中的应用，程控交换技术、网络通信技术迅速发展，20 世纪 80 年代兴起了综合应用计算机技术、光通信技术、数据交换技术、数字传输技术、分组交换技术和计算机网络技术等先进技术的综合业务数字网。

4. 现代信息技术的高渗透性

现代信息技术的高渗透性主要表现在两个方面。一是不同现代信息技术之间的高渗透。不同信息技术之间可以相互渗透、相互结合，形成功能更加多样、性能更加优越的信息技术设施，如计算机技术、电视机技术、电话技术结合，形成了三电一体的信息技术设备；多媒体技术、超文本技术结合，形成了超媒体技术；计算机技术和现代通信技术结合，形成了计算机网络。二是现代信息技术对其他方面的高渗透。现代信息技术不仅能应用于信息管理和信息服务领域，还能应用于工业、农业、交通运输、财政金融、科学研究、文化教育、文艺体育、行政管理、军事国防、家庭生活等各个方面。这表明现代信息技术具有强大的渗透力。

（四）信息技术的应用

信息技术在日常生活、办公教育、科学研究、医学保健、军事等方面都被广泛应用。

而信息技术的广泛应用，给人们的日常学习、工作和生活带来全面而深刻的影响。同时，信息技术是一把"双刃剑"，它对社会的影响既有积极的一面，也有消极的一面。

信息技术产生的积极影响：促进社会发展，创造新的人类文明；推动科技进步，加速产业变革，如智能制造、新能源开发、互联网创新等；提高人们的生活质量和学习效率，如电子购物、网上看病、协同办公、远程培训等。

信息技术带来的消极影响：信息泛滥、信息污染、信息犯罪，可能危害人们的身心健康等。

总之，我们要以辩证的观点看待信息技术，客观认识，扬长避短，设法消除其不利影响，合理且充分地发挥其积极作用。

（五）信息技术的发展趋势

1. 多元化

当今社会各行各业都离不开信息技术，信息技术与其他学科、领域的紧密结合和相互渗透，将引领信息技术朝着多元化方向发展。

2. 网络化

随着互联网的功能越来越强大，人类的很多活动都将通过网络完成，信息技术也在逐步朝着网络化方向发展。

3. 多媒体化

在计算机上阅读文章、查看图片，听音乐、看电影，这些都是多媒体的应用。

4. 智能化

随着人工智能技术的进一步发展，以电脑机器人为代表的人工智能技术将逐步取代人类从事某些生产劳动，人类将迈入智能化时代。

5. 虚拟化

随着技术的发展，计算机甚至可以仿真生成虚拟的现实世界，如虚拟驾驶等。

四、信息化

（一）有关信息化的观点

1. 侧重于信息技术发展及其应用的"信息化"

这类观点从信息技术的角度出发，注重信息化的技术特征，强调信息技术的发展与应用。有学者认为，信息化就是要在人类社会的经济、文化和社会生活各个领域中广泛而普遍地采用信息技术；也有学者认为，信息化就是计算机化，或者再加上通信化。钟义信认为，信息化是指用现代信息技术武装国民经济各部门和各领域，极大地提高社会劳动生产率。

2. 立意于经济角度的"信息化"

这类观点从信息产业的成长和发展方面出发，强调信息产业在国民经济中的地位与作用。有学者认为，信息化是生产特征转换和产业结构演进的动态过程，这个过程由以物质生产为主向以知识生产为主转换，由相对低效益的第一产业、第二产业向相对高效益的第三产业、第四产业演进。吴传基认为，信息化就是指社会经济结构从以物质与能量为重心向以信息与知识为重心转变的过程。这个过程不断地采用现代信息技术装备国民经济各部门和社会各领域，从而极大地提高了社会劳动生产率。南云认为，信息化就是要加快国民经济各部门之间、部门内部及企业间的信息沟通与交流，促进企业技术改造，使企业的发展更适应新技术的发展和不断变化的市场需求，从而加快经济的运行节奏，促进经济发展。

3. 强调知识、信息利用的"信息化"

这类观点从信息资源的开发利用方面出发，从信息的收集、加工、传递角度界定信息化概念。有学者认为，信息化就是知识化，即人们受教育程度的提高及由此而引起的知识信息的生产率和吸收率的提高过程；也有学者认为，信息化即信息资源（包括知识）的空前普遍和空前高效率的开发、加工、传播和利用；人类的体力劳动和智力劳动获得空前的解放。

4. 突出信息、信息技术对社会经济影响的"信息化"

这类观点综合了以上各类观点，强调运用信息技术开发信息资源及其对社会经济的影响。1997年，国务院信息化工作领导小组提出了国家信息化的定义，认为国家信息化就是在国家统一规划和组织下，在农业、工业、科学技术、国防及社会生活各个方面应用现代信息技术，深入开发、广泛利用信息资源，加速实现现代化的过程。李京文认为，信息化是指在经济和社会活动中，通过普遍采用信息技术和电子信息设备，更有效地开发和利用信息资源，推动经济发展和社会进步，使信息经济增加值在国民生产总值中的比重逐步上升至占主导地位的过程。汪向东认为，信息化是指人们凭借现代电子信息技术手段，通过提高自身开发和利用信息资源的能力，推动经济发展、社会进步甚至人们生活方式变革的过程。

（二）信息化的内涵

社会信息化就是在社会活动的各个方面广泛应用现代信息技术，充分开发和有效利用信息资源。

1. 广泛应用现代信息技术

现代信息技术的应用是信息化建设的主阵地。广泛应用现代信息技术主要是指现代信息技术的单独应用或综合应用，包括信息基础设施建设、采用计算机进行业务处理、实现办公自动化、建立管理信息系统和决策支持系统等。

2. 充分开发与有效利用信息资源

信息资源的利用是社会组织和个人获取信息资源并将其应用到工作和生活中的信息活动。具体来看，就是社会组织和个人采用现代信息技术广泛而快速地获取所需要的信息资源，通过吸收信息资源的内容，改变信息结构和知识结构，优化各项工作和管理决策，创造新的信息产品或物质产品，更好地满足日益增长的社会物质与信息需求。

第二节　信息技术与现代教育媒体的发展

一、教育媒体的含义

在教与学活动过程中所采用的媒体，被称为教学媒体。从本质上看，教与学活动过程是一种获取、加工、处理和利用信息的过程，因此，作为存储与传递事物信息的任何媒体，都能作为教学媒体。但事实上，绝大多数新开发出来的媒体，首先都不是用在教学上，而是在军事、通信、娱乐、工业等部门使用相当长一段时间之后，才逐步被引进教学领域的。例如，广播电视从开始播放新闻娱乐节目到用于播放教学节目进行远程教学，历经几十年时间；闭路电视早期只用于工业，后来才引进教育领域成为学校的闭路电视教育系统或微格教学系统进行教学技能训练。近年得到迅速发展的计算机媒体及计算机网络系统，最早也是用于军事与工商业领域，近年来才被逐步引入教育教学领域。那么，教学媒体有哪些特殊的组成要素呢？概括来说，一般的媒体发展成为教学媒体应具备两个基本要素。

第一，媒体用于存储与传递以教学为目的的信息时，才可称为教学媒体。以教学为目的的信息，也就是教学信息，它是由教学目标来决定选取的。因此，教学媒体区别于一般的媒体，它存储与传递的教学信息，是为达到特定的教学目标服务的，是为特定的对象——教师或学生所使用的。

第二，媒体能用于教与学活动的过程时，才能发展为教学媒体。任何媒体都能用来存储与传送教学信息，如电影、电视，以及计算机等媒体，但这些媒体诞生的初期，并没有在教学活动中派上用场。因此，它们只是一般的传播媒体，不是教学媒体，只有当它们经过改进，符合教学要求，用于教学活动时，才能成为真正的教学媒体。

一般的媒体要成为教学媒体，往往要解决两个关键问题。一是硬件的改造，使它能满足教学活动的要求，方便教师与学生使用；同时，要使硬件的价格降下来，能为教育部门所采用。二是软件的编制，使该媒体所存储与传递的信息是教学信息，并且编制的原则与方法要符合教学活动的要求。

二、教育媒体的特性

（一）呈现力

呈现力表明教育媒体呈现事物信息的能力。我们知道，信息是事物运动状态与规律的表征，它是用不同的符号去表征或描述的，从而决定了教育媒体有不同的呈现能力。

（二）重现力

教育媒体的另一重要特性是对信息的重现能力。录音、录像与电影媒体能将信息记录存储，反复重放；幻灯、投影也能按教学需要反复重放；计算机课件存储的信息则能按学习者的需求重现。

（三）传送能力

传送能力是指媒体将信息同时传送到所有接收者的空间范围。广播与电视能将信息传送到十分广阔的范围；计算机网络系统和有线电视播放系统，也能把信息传至所有终端，有很强的传送能力；至于幻灯、投影、电影、录音、录像等也能在教室与教学场所进行传送。

（四）可控性

可控性是指使用者可对教育媒体进行操纵控制。幻灯、投影、录音、计算机等都比较容易操纵，并适合用于个别化学习。

（五）参与性

参与性是指利用教育媒体开展教学活动时，学习者参与活动的机会。它可分为行为参与和感情参与。交互式的计算机媒体，使学习者能根据本人的需要去控制学习的内容，是一种从行为与感情上参与程度高的媒体。电影、电视、广播，具有较强的表现力与感染力，容易引起学生情感上的反应，从而激发学生感情上的参与。

三、现代教育媒体的发展

（一）视听媒体与现代教育

视听传播教学中的媒体称为视听媒体（Audiovisual Media）。视听媒体是传递音像信息的媒体。这里所指的视听媒体主要是现代视听媒体，如电视机、电影机、影碟机，以及计算机等能同时播放视频和声音的媒体。视听媒体通常用来呈现过程，解释原理，可以产生以下效果。

可表现宏观、微观世界，展现正常情况下难以观察的变化。例如，星球运行规律、细胞分裂过程等。这是用传统的模型和挂图达不到的效果，生动、直观、逼真地再现了事物面貌。

可以定格（暂停）画面或反复重放，以利学习者更清晰地观察他自己所需要进一步了解或复习巩固的部分。这样的功能有利于学生自学，尤其是对没有掌握或者存在疑义的问题可以反复推敲，用在体育技能的演示或分步演示比较广泛。

能让学习者有身临其境的现场感，特别是那些有毒、危险的环境，如山洪暴发等。一些危险的化学实验即使在学校的实验室演示也不能保证学生的安全，但是通过视听媒体可以清晰地展示操作过程，安全又可控。

（二）演示文稿与现代教育

1. 概述

随着多媒体技术的快速发展，课堂上的教学模式也随之发生了变化，多媒体教学手段的应用已经日常化、普及化。在当前的教学实践中，广大教育工作者已经把演示文稿作为了辅助教学不可缺少的工具。这种辅助教学的手段不但可以满足课堂的不同形式需求，实现大容量课堂的理想化教学，同时，画面通过多媒体呈现出来，其独特的视角和视听效果，也可以为学生带来与众不同的感觉。演示文稿（Microsoft Office PowerPoint，简称 PPT）是美国微软公司出品的办公软件系列重要组件之一。用户不仅可以在投影仪或者计算机上进行演示，也可以将其打印出来，制作成胶片，以便应用到更广泛的领域中。PPT 是一种图形程序，是功能强大的制作软件，可协助用户独自或联机创建永恒的视觉效果。

2. PPT 在课堂教学中的优势

PPT 能够把静态的图片和音乐结合起来，通过立体的、具象的活动影像将课堂所学知识表达出来，是最理想的教学环境。PPT 的独特功能决定了其在课堂教学中所占的优势，主要体现在以下几点。

（1）具有丰富的图像音乐结合功能和模拟示范功能

PPT 可以把教学中生硬、死板的内容用图像和音乐结合的方式表现出来，这种化抽象为具体的教学方法可以帮助学生建立起直观的思维空间，从而对书本中的抽象知识进行模拟示范。例如，学生在学习宏观和微观的领域时，很难在常规环境下观察到书本上所描述的知识，像观测天体运行规律、多角度下原子结构的不同、流体的流线情况等内容，无法在现实中建立起演示模型，但是PPT 就可以直观地描述出来，让学生一目了然、轻松理解。

（2）对多种感官的同时刺激可以加深学习记忆

心理学研究发现，学过的知识会随着时间的推移被逐渐淡忘。但同样的知识内容，若单纯采用听觉方法学习，那么三个小时可以记忆 70%，三天后降为 10%；若单纯采用视觉方法学习，三个小时可以记忆 72%，三天后降为 65%。PPT 将听觉和视觉相结合，可以有效地帮助学生加深对知识的记忆。

（3）扩展知识面，解决科学难题

PPT 可以将材料中有限的知识内容进行扩展，实现高容量的知识储备，既可以应用于理论教学，也可以应用于试验教学，甚至可以作为管理或自学的一种手段。课堂教学中一些学科难题还可以通过 PPT 更加形象地加以解决。

（三）交互媒体与现代教育

交互是指两个或两个以上的个体之间进行的双向信息交流。交互媒体是指媒体系统具备类似于机体的行为特征，能够独自与用户发生互动并相互影响。交互媒体在媒体与学习者之间构建起一个双向的通道，可以使学习者处在一个积极的学习状态中。其中，学习者与媒体既是信息的接收者也是信息的发送者，它们之间构成了一个信息流通的闭环系统。

计算机就是一种强交互性媒体，对学生的个性化学习起着促进作用。学生可以根据自己的需要，选择合适的学习工具，随时随地进行自主学习，摆脱传统模式下教师统一教、学生统一学方式的局限性。这样的环境给教师提供了因材施教的教学空间，同时对学生来说，这种自由的不受约束的学习环境大大激发了他们自身的学习兴趣，使其能积极主动地参与学习建构活动。另外，利用学习软件进行教学，把一些机械性工作（如出练习题、评分、统计等）事先编制成计算机程序，由计算机来完成，可以把教师从简单的重复劳动中解放出来，以便有更多的精力与时间从事教学设计。

（四）远程媒体与现代教育

在实现网络化远程教学时，使用的通信工具应符合相应的教学要求和自身的设备条件。一般在实施远程教学时，为了能更方便灵活地运用计算机网络通信工具进行交流，通常会选用诸如电子邮箱和 Web 浏览器这种异步工具进行教学，不需要对方实时地进行信息接收，方便了彼此的时间安排。同时，这种通信工具，其通信成本都比较低，可以节约大量的资金进行其他设备的建设。

（五）微课与现代教育

1. 微课的概述

关于微课的定义，学术界仍然众说纷纭。特别是在教育领域，多位从事教育现代化研究的专家提出了各自的见解。胡铁生认为，微课与微课程是同一个概念的不同叫法而已，是针对学科知识点（重、难点，常见出错点等）和教学有关的各个组成部分（如试验、主题班会活动等）而进行设计并应用的具有情境化、能够支持多种学习方式的一种新型在线视频课程。持有不同观点的是黎家厚，他认为微课属于"课"的范畴，是从翻转课堂中衍生出的新概念，它自身具有目标清晰、内容短小的特点，非常适合用来讲解一个问题。张一春认为，微课是采用流媒体播放的方式来演示知识点解惑答疑。焦建利认为，微课是以学习或教学为目的的在线教学短小视频，借助它可以简洁明快地阐释有关的背景知识。郑小军则持有微课就是课程资源的观点。他认为，采用微课是一种富有生活情境的可以进行不同学习方式转化如混合式、移动式或碎片化视频学习微型资源包。

微课的基本类型从应用的角度来分析主要有两种——课堂教学辅助资源和学生自主学习新手段。微课在课堂教学中可以担当多种角色，既可以用来创设情境、导入新课，也可以用于讲解核心概念、突破重难点。此外，微课还可以用来再现虚拟环境和操作过程等。在这种情况下，微课是课堂密不可分的一部分，与课堂的整体教学设计紧密关联。这就需要结合教学任务，进行认真的需求分析，明确学生需要学习掌握的内容，进而构建微课程学习资源。它能够反复播放或暂停，从而降低学生的学习难度，优化课堂教学效果。

微课自身具有的微型化、在线网络化的特点迎合了学生进行个性化学习的需求，它不必再拘泥有限的课堂，有效扩大了学习的时空范围，从而可以更好地满足学生个性化的学习需求。作为资源创建者的教师可以为学生建构良好的自主学习环境，将事先准备好微课资源的制作上传到网络中，学生可以根据自己的时间安排来进行微课的学习，积极建构知识体系，并通过反复观看，集中突破自己还没有真正理解掌握的知识点。

2. 微课的制作

微课的制作主要靠三种制作方式，或者由这三种方式组合而来，即利用智能手机进行拍摄、使用录屏软件（如 Camtasia Studio）进行录制、借助摄像机进行录制或转换。这三种制作方式各具特点，在使用的过程中要结合实际情境来加以选择。一线教师更热衷运用录屏软件录制微课。

（1）智能手机拍摄法

制作原理：书写、演算教学过程，并借助智能手机录制。

制作流程：①确定微课内容，设计自主学习任务单和教案；②在白纸上书写教学过程，利用彩色笔一边演算、画图、标记，一边讲解，同时，利用智能手机的录制功能对整个教学过程进行拍摄；③编辑视频，添加字幕并美化，制作微视频。

（2）录屏软件录制法

制作原理：录制 PPT 演示过程，添加录音及字幕。

制作流程：①确定微课内容，设计自主学习任务单和教案；②在白纸上书写教学过程，利用彩色笔一边演算、画图、标记，一边讲解，同时，利用智能手机的录制功能对整个教学过程进行拍摄；③编辑视频，添加字幕并美化，制作微视频。

（3）摄像机录制法

制作原理：实录教学过程。

制作流程：①选择内容并确定教学目标，选取录像场地，编制教案；②借助黑板来书写教学过程，使用摄像机实录师生、板书等情境；③编辑和美化微课。

（六）慕课与现代教育

1. 慕课概述

慕课是一种"大规模在线开放课程"（Massive Open Online Course，MOOC），是一个免费的在线教育模式，任何人都可以免费注册并使用。它本质上是网络在线教育的一个新的发展，与传统意义上的在线教育相比，它有一个显著的特点是更加关注学生的学习，学生可以通过慕课在很大程度上实现自主个性化学习。

慕课是低成本、高质量、可广泛应用的在线微型课程，一般都是著名教师主讲的短小片段视频，人们可以在不同国家和地区随时查看、互动，有的还提供学分认证以及就业推荐等服务。慕课的基本思想是把世界上最好的教育资源传播到地球上的每一个角落。

慕课出现的时间很短，但是发展迅速，受到国内外学者的普遍关注和讨论。王底槐认为，慕课是不限人数的，其课程学习是通过网络进行的，它的教育资源是可以被免费获取的，是一种新的知识获取渠道和学习模式。这个定义并不能完全概括出来慕课是什么，网络视频公开课也有同样的特征。李曼丽等从字面意义上对慕课做了一个简要的界定，"大规模"的含义是学习慕课的学生数量巨大；"开放"的含义是慕课向所有人开放课程和教学资源，不是只对特定用户开放；"在线"的含义是通过网络进行课程学习，大部分教学过程是通过网络在线形式进行的；"课程"则意味着所有的教学过程，不是狭义的课程并且教师与学生的互动实时频繁。这一定义在大规模、开放、在线等关键词的理解上，和一般的理解无异，另外它强调数据的大规模和课程的师生实时交互性这一特点。

樊文强认为，慕课是一种免费教育形式，它面向的群体是社会大众，不像传统公开课那样仅仅局限于资源的发布，它的教学互动性比较强。"大规模"的含义是有成百上千的人同时参与学习一门课程，学生没有数量的限制；"网络"的含义是教学活动通过网络进行；"开放"的意思是课程是免费的，任何人只要注册一个账号便可以进行学习。这一定义从字面上对慕课的三个关键词——"大规模""网络""开放"进行了一个理解。

费洪晓认为，慕课是网络版的全球高校精品实体课程，它的教学模式很完整，教学视频是课程的承载形式。它还包括许多模块，如课程公告、课程介绍、课程大纲、评价方式、延伸阅读、课后作业、讨论区、结业考核等，完整呈现了实体课程的各个要素。全球的学生都可以通过网络这一媒介免费学习慕课课程，通过一门课程考试的学生可以取得由任课教师签名的证书。这一定义将慕课的教学模式进行了一个简要的阐释，更多强调慕课是实体课程在网络上的完整呈现。

除了以上列举的一些学者对慕课的理解，还有很多相关的定义，大多大同小异，学术界并没有一个权威的定义。综合前人的研究，我们可以对慕课做一个描述性定义，即"大规模"不仅指同时学习一门课程的学生数量众多，而且也指它产生的数据量巨大；"在线"是指教学活动主要在网络上进行，它完整地将实体课程迁移到了网络上，是一个完整的师生可以实时进行交互的教学模式；"开放"是指它具有免费性和超越时空性，只要有网络，人们便可以随时随地免费去学习上面的课程。

2. 慕课的特点

（1）开放

开放是慕课的首要特征，意味着公开、民主和自由的科学精神，所有的人都具有利用慕课学习的权利。即使学习者在人口、地域、经济和文化等方面存在着差异，知识仍然应该由人类共同创造和免费共享。因此，不管任何人，只要有上网条件，就可以免费选择所需课程进行学习，不附加任何条件。只有当你需要学分或课程结业证书时，才需要交纳一定的费用。

（2）大规模

大规模是慕课开放性的具体体现。与传统授课不同，慕课不限制注册人数，来自世界各地的学习者都可以自由参与到自己喜爱的课程学习之中。2011年，斯坦福大学塞巴斯蒂安·史朗的《人工智能入门》课，学习者有来自160多个国家的16万余人，其中有2万人完成了课程学习。到2013年，全球最大的慕课平台Coursera的注册用户已超过500万人，在线课程有450门，加盟院校有90多所。

（3）在线

在线是指学习是在网上完成的。学习者可根据自己的情况，自行安排学习时间。根据学习者学习过程中最佳注意力时长一般在10分钟左右的特点，研究者把慕课的课程视频切割成 10 分钟甚至时间更短的"微课程"。"微课程"分为三类：其一是 PPT 式"微课程"，这种微课程是按照 PPT 自动播放功能制作成的课程视频；其二是讲课式"微课程"，它是把讲课教师讲授的教学模块制作成课程视频，形成"微课程"；其三是情景剧式"微课程"，它是用情景剧的模式设计教学内容，并制作成课程视频。学习时，学习者在遇到难以解决的问题时，可以进行在线交流，从而找到解决问题的办法。

（4）透明

慕课的设计要以市场的需求为依据，学习者可以通过投票的方式对慕课的教学质量进行评估。这就使得高校的课程与教学质量突破了校园的范围，成了全国甚至全世界的事情。慕课在很大程度上体现了以学习者为中心的教育服务理念，重在强调学习者的学习。这一做法对以教师的课堂讲授为中心的教学模式提出了挑战。现行的课堂教学模式多以教师的讲授为重点，教师对课堂教学活动具有绝对的控制权，学生只能被动地接受教师的指令和讲授的内容。而慕课的革命性在于强调学习者自主学习的权利，这种变化是与慕课的本质特征相互关联的。

第三节　教育信息化概述

一、教育信息化的产生与内涵

（一）产生背景

1623 年，施卡德制作了一个能进行 6 位数以内加减法运算，并能通过铃声输出答案的"计算钟"，这标志着人类历史机器运算的开始。随着电子技术突飞猛进的发展，计算机开始了真正意义上的由机械向电子时代的过渡，电子器件逐渐演变为计算机的主体，而机械部件则渐渐处于从属位置。二者地位发生转化的时候，计算机也正式开始了由量到质的转变，由此促成电子计算机的正式问世。

1946 年 2 月，第一台电子计算机 ENIAC 在美国加利福尼亚州问世。ENIAC 用了 18000 个电子管和 86000 个其他电子元件，有两个教室那么大，运算速度只有每秒 300 次各种运算或 5000 次加法，耗资 100 万美元以上。虽然运算速度在今天看来很低，但它的问世，揭开了计算机时代的序幕。

　　计算机的产生极大地拓展了人们的数值运算和逻辑运算能力，可以看作人类大脑的延伸。大脑的延伸要求人的眼、耳、口、鼻都要有相对应的延伸能力，于是互联网多媒体技术的发展成为必然。互联网最早起源于美国的ARPAnet，该网于1969年投入使用，最初用于军事方面。而让互联网真正飞速发展的事件是1987年商业化互联网的诞生。互联网的出现让博大的地球成了"地球村"，信息的传播能力空前发展，并且以极快的速度改变着人们的生活方式，信息化应运而生。信息化带给人们生活方式的改变绝不仅仅是一种技术在社会中的应用，而是整个社会的变革，标志着一个时代的诞生。

　　信息化的到来对教育的影响也同样深刻，而且意义重大。它一方面要求教育顺应信息时代的发展需要；另一方面要求教育能培养出大量的信息化高素质的人才。那么，信息时代的人才与之前工业社会的人才要求有什么不同呢？概括地说，在一个信息爆炸、知识高速增长的信息化社会，"告诉他知识的公民"将不再受到欢迎，社会需要的是"有知识的公民"。诺贝尔奖获得者、著名认知心理学家赫伯特·西蒙曾这样指出，以往，"知道"意味着记忆中留下的东西，即拥有一系列知识。但到了今天，要靠个人或某些机构"记忆"或拥有的知识实在太多了，即使图书馆也无力收藏哪怕是全球信息和知识中的一小部分。所以，应将"知道"看成掌握信息处理的"方法"。

　　从社会发展的历史进程中分析，我们不难发现：信息化为教育带来了空前的发展机会，带动了教育信息化的革命。教育需要通过自身的变革来不断满足信息化社会发展的各种需要，其中信息化人才的培养成了当前教育的重任。教育信息化便应时所需地产生了，这便是教育信息化产生的大背景。教育信息化这一概念是在20世纪90年代伴随信息高速公路的兴建而提出来的，其核心是把IT在教育中应用作为实施面向21世纪教育改革的重要途径。我国自20世纪90年代末开始，网络技术迅速普及，整个社会的发展与信息技术的关系越来越密切，人们越来越关注信息技术对社会发展的影响，"教育信息化"的提法也开始出现了，并逐渐形成理论体系。

　　信息化时代正是由于可以更便捷地获得和使用信息，从而使社会发展的速度加快。信息时代的教育正是由于信息化的引入，而发展成为超越时空、资源共享的现代化教育。所以，教育信息化是教育现代化发展的必然结果。

（二）教育信息化的内涵

1. 教育信息化的概念

在提出教育信息化的概念前，首先让我们来了解一下信息化。所谓信息化，是指将信息作为构成某一系统、某一领域的基本要素，并对该系统、该领域中信息的生成、分析、处理、传递和利用所进行的有意义活动的总称。我们将信息的生成、分析、处理、传递和利用称为信息技术。如表1-1所示，信息化包含三层含义：一层是对信息重要性的认识；一层是将信息作为一种基本的构成要素；还有一层则强调了信息化是一个不断变化的过程，而非一种状态。

表 1-1　信息化的三层含义

信息化的三层含义	具体表现
对信息重要性的认识	信息对社会发展的存储产生作用 信息对事物发展变化的认识作用 信息对个体综合能力的推动作用
信息作为一种基本的构成要素	信息是系统运行的依据 信息是系统工作的对象
信息化是一个不断变化的过程，而非一种状态	信息的生产利用 信息的处理传递 信息的生成分析

信息化是一个复杂的过程，它的复杂不仅仅在于它是对相对抽象的信息的生成、分析、处理、传递和利用，还在于在瞬息万变的信息活动中将信息有机地整合起来。教育信息化既然是在信息化的大前提下产生而来的，这就决定了其复杂程度绝不会亚于信息化。

华东师范大学的祝智庭教授认为：教育信息化，是指在教育领域全面深入地运用现代化信息技术来促进教育改革和教育发展的过程，其结果必然是形成一种全新的教育形态——信息化教学。华中师范大学的傅德荣教授认为：教育信息化是将信息作为教育系统的一种基本构成要素，并在教育的各个领域广泛地利用信息技术，促进教育现代化的过程。上海师范大学黎加厚教授认为：教育信息化是以现代信息技术为基础的新教育体系，包括教育观念、教育组织、教育内容、教育模式、教育技术、教育评价、教育环境等一系列的改革和变化。教育信息化并不简单地等同于计算机化或网络化，而是一个关系到整个教育改革和教育现代化的系统工程。

不管是哪一种定义，我们都可以看出，教育信息化非常强调将信息技术运用到教育过程中，从而推动教育整个过程的发展。因此，教育信息化是一个变化的过程，是在信息化变动的前提下，实现教育变化的一个过程。通俗一点说，信息与教育的互动关系如同物体加速度与速度之间的关系，信息化程度越高，加速度就越大，教育这个物体的发展速度也就越快，这正体现了信息化发展与教育信息化内在的必然联系。信息化是教育信息化的基石，在信息化条件下发展起来的教育对现代的教育形式与内容所起的影响日益增大，这就必然引起教育信息化的快速发展。

2. 教育信息化的含义

教育信息化包括两层含义：一是教育培养适应于信息化社会的人才；二是教育把信息技术手段有效应用于教学科研和教学管理。教育信息化要求学生要会使用计算机，学会对信息的收集、选择、处理及创造；要求学校的教育手段更加信息化和现代化，并且要有高效的校园网络、信息库、闭路电视系统；要求我们基于创新教育的要求，基于培养面向信息社会的人才的要求，认真地对教育系统进行信息分析，有效地应用信息技术，培养出合格的信息化人才，实现教育现代化。因此，教育信息化是一种过程，但绝不只是一种信息机器简单地引入教育的过程，更不是信息化机器的应用过程，而是一种教育思想及观念的变化过程，是基于创新教育的思想，有效地利用信息技术，实现创新人才培养，实现教育现代化的过程。

3. 教育信息化的内容

教育信息化的核心内容是信息技术在教育中的应用，因此教育信息化的内容都是围绕信息技术在教育中的应用展开的。目前，各学者对教育信息化基本内容的认识主要有几种：①教育信息化的内容是信息技术在教育中的应用，其具体内容主要是教育信息环境的完善，教育资源的建设和使用，人才的培养；②教育信息化包含教师教育信息化、硬件设施、信息技术课和资源应用；③教育信息化的内容可以分为信息网络基础设施建设，教育信息资源建设，信息技术的应用，信息化人才的培养和培训，教育信息技术产业，信息化政策、法规和标准；④教育信息化的内容包括基础设施建设、环境建设、信息化资源建设、信息化人才培养、远程教育。

从以上几点认识中我们可以归纳出：①教育信息化的前提是环境的完善和教育资源的建设；②教育信息化的过程是将信息技术作为工具在教育中应用；③教育信息化的目的是实现信息技术型人才的培养。

这些说法都对，但都侧重在手段方法上，没有贴近教育的本质。教育的本质意义在于培养完整的人。简单地说，教育就是"成人"的过程，或者说是人为的积极意义上的"成人"过程。教育信息化是教育的产物，这就注定它必然要符合教育"成人"的意义。否则，所有的工具、手段、过程都将毫无意义。

因此，教育信息化的内容是：利用包括教育信息环境的完善、教育资源的建设与使用，以及师资信息化素养培养在内的多种信息技术在教育中的综合应用，来培养适应信息时代发展的人才的理论、工具、方法及过程的总和。

二、教育信息化的发展历程

（一）初步起始阶段（20 世纪 80 年代）

1978 年 3 月和 4 月，全国科学大会和全国教育工作会议先后召开，强调教育的作用，提出教育要"更有效地为农业现代化和其他三个现代化服务"。1978 年 11 月，《人民教育》刊发短评，提出"要实现四个现代化，必须大大加快教育现代化的步伐"，教育作为条件、工具出现在学界研究中。20 世纪 80 年代初，我国开始大力推进教育改革，教育现代化成为贯穿其中的重要理念。

1983 年邓小平在景山学校提出"面向现代化、面向世界、面向未来"的重要思想。1985 年发布的《中共中央关于教育体制改革的决定》进一步将"三个面向"作为教育工作的指导方针，强调要培养掌握现代科学与技术的各级各类人才。我国中小学计算机教育实验正是在这样的政策背景下起步的。

（二）稳步发展阶段（20 世纪 90 年代）

1991 年 10 月，第四次全国中小学计算机教育工作会议在山东济南召开，时任国家教委副主任的柳斌同志做了总结报告。报告从提高思想认识、加强领导和规划的宏观角度肯定了我国发展计算机教育的决心，提出了我国中小学计算机教育的发展方针，指出计算机在中小学的普及和提高将是一个很长的历史过程，各地要积极进取、因地制宜、从实际出发，逐步扩大计算机教育的速度和规模。

1992 年，国家教委发布《关于加强中小学计算机教育的几点意见》。该意见对我国 20 世纪 90 年代计算机教育的规划制定、经费投入、师资队伍和教材建设、硬件环境选配、教学软件的开发管理等方面进行了较为细致的规划。

1993 年，为适应加快改革开放和现代化建设的需要，国家发布《中国教育改革和发展纲要》，提出"建立起比较成熟和完善的社会主义教育体系，实现教育的现代化"的长远目标。1994 年，中国教育和科研计算机网（CERNET）开始联通国际互联网。1995 年，我国开始实施科教兴国战略，教育领域的信息化发展进入全面启动时期。

到 20 世纪 90 年代末，我国教育信息化建设的总体方针是根据全国各地社会经济发展不平衡的情况，分层逐步推进信息化教育：第一层面是以计算机多媒体为核心的教育技术在学校的普及与运用；第二层面是开通网络，利用好网上资源；第三层面是开办远程教育，提供广泛的学习资源，不断满足社会终身教育的需求。在实际的建设过程中，重点是推动中国教育和科研计算机网（CERNET）的建设、中小学"校校通"、高校"数字校园"等。

（三）全面推进阶段（21世纪初至今）

1999年6月，中共中央、国务院发布《关于深化教育改革，全面推进素质教育的决定》，指出要"大力提高教育技术手段的现代化水平和教育信息化程度"。它吹响了新世纪我国基础教育信息化普及发展的号角，标志着我国教育信息化迈进了新阶段。

21世纪以来的第一个十年，我国教育信息化的总体规划强调做好三项工作：一是在中小学普及信息技术教育；二是网络的普及和应用，让学生学会充分利用网上资源；三是大力发展现代远程教育，全面实施"校校通"工程，特别要重点扶持和发展农村中小学信息化基础设施建设和人才培养。

2016年发布的《中华人民共和国国民经济和社会发展第十三个五年规划纲要》"推进教育现代化"章节中明确指出，要"推动现代信息技术与教育教学深度融合"，并将以"三通两平台"为标志的"教育信息化"列为"教育现代化重大工程"。同年6月，教育部发布的《教育信息化"十三五"规划》为我国今后五年的教育信息化发展在提升教育质量、促进教育公平、推进教育现代化和服务社会经济发展等方面提供了翔实蓝图。

2018年4月，教育部印发的《教育信息化2.0行动计划》提出，推进"互联网＋教育"发展，加快教育现代化和教育强国建设。这标志着我国教育信息化从1.0时代进入2.0时代。该计划对之后五年教育信息化工作的主要目标、任务和推进路径进行了详细规划。

三、教育信息化的基本要素

（一）信息网络

信息网络是教育信息化建设的重要内容，也是实现教育信息化的物质基础和先决条件。目前我国已经建成中国教育与科研网（CERNET）、中国卫星宽带远程教育网络、中小学"校校通"工程、高校"数字校园"建设工程、中小学远程教育建设工程，以及应用于学校教学的普通电教室、多媒体综合电教室、计算机室、微型电教室、CAI教室、网络教室、语言实验室、电子阅览室、闭路电视系统等，这些都是教育信息化中信息网络基础设施建设的重要内容。这些基础设施的建设既为我国的教育信息化奠定了基础，也为信息化教育的实施创造了条件。目前的信息网络分为电信网、广播电视网和计算机网三种，三网交叉互补，将来发展为三网融合。

（二）信息资源

教育信息资源是用于教育和教学过程的各种信息资源，它的开发和利用是教育信息化的核心，也是教育信息化建设成败的关键。教育信息资源可分为以教育信息载体为核心的教育软件资源和以管理信息系统的基础数据为核心的教育管理信息资源两大类。其中，教育软件资源主要包括以多媒体素材、各类CAI课件、网络课程等为主的多媒体教育信息资源，以文献资料查阅和检索服务为主的图书情报信息资源，以教育信息资源的生成、分析、处理、传递和利用为主的各种工具类资源以及浩如烟海的互联网资源等。教育管理信息资源主要是指为实施现代教育管理而建立的以教育者、教育内容、教育对象、教育资源及其支持服务体系为主要内容的各类数据库资源。

（三）媒体

信息化教学过程中的媒体主要指现代教学媒体。现代教学媒体是近一个世纪以来利用科技成果发展起来并被引入教学领域的电子传播媒体，主要包括幻灯、投影、录音、录像、电视、计算机等教学媒体，以及由它们组合成的教学媒体系统，如语言实验室、多媒体综合教室、计算机网络教室、视听阅览室、微格教学训练系统、闭路电视系统、校园计算机网络系统等。

从电化教育走向信息化教育，媒体观在不断变化。媒体观是人们对媒体总的认识和看法，也是我们对媒体本质及其价值的根本看法和态度。在不同的发展阶段，我们对媒体关注的视角和态度的不同导致我们对媒体的认识和看法不同。在电化教育阶段，教学媒体在传统课堂教学中主要是传递教学信息，以生动形象的方式展示教学中的重点、难点内容，解决传统教学手段难以解决的问题。在信息化教育的初期，行为主义学习理论是主要的理论支撑，电视、录音、计算机辅助教学系统等教学媒体进入教学，这一阶段人们利用计算机进行教学，将教学媒体视为教师的教学工具、学生的认知工具和学习工具。随着多媒体计算机、校园网、互联网等进入教学，建构主义学习理论成为主要的指导理论，人们将教学媒体看作教育教学发生的物质基础和平台，媒体技术为学生和教师提供了一个数字化教学环境。

（四）信息化教学内容的特征

教学内容是指教学过程中师生之间传递、学习的知识、方法和技能等内容。信息技术的出现和现代教育媒体在教学中的应用，使得教学内容具有新的特征，主要表现在以下几个方面。

1. 表现形态多媒体化

在信息技术下，可以用文本、图形、图表、声音、动画、视频以及模拟三维景象等形式来呈现教学内容。利用多媒体方式呈现的教学内容能够将抽象的知识形象生动地表现出来，使学习者能够更好地掌握知识，从而提高教学效率。

2. 处理数字化

将文本、声音、图形、图像、动画、视频等教学内容信息由模拟信号转换成数字信号，其可靠性更高，更容易存储与处理。

3. 传输网络化

信息化的教学内容可以通过网络实现远距离传输，学习者可以在任何一台能够上网的计算机上获取自己所需的信息。

4. 超媒体线性组织

信息化教学内容采用超媒体技术构建，支持文本、音频、视频、图形、图像、动画等多媒体信息，并采用网状结构非线性地组织、管理信息的超文本方式，对教学信息进行有效的组织，适合人脑的认知思维方式，也有利于有效地组织教学信息，促进知识的迁移。

5. 综合化

信息化社会知识呈现高度的综合化，信息时代需要具备各方面知识的"全才"。在信息化社会中，学生学习的内容不仅仅局限于某一门独立的学科，特别是随着网络时代的到来，学生的学习和生活中出现了许多新的课题，这些课题不是仅靠某一门或几门学科的知识就能够完成的，而是需要学生把所有学科的知识整合起来并运用到学习之中，才能够很好地解决问题。这与信息化社会要求人才具有多方面的知识这一特征是紧密联系的。

（五）信息化教学中的教师

在传统的教学过程中，教师处于主导地位，主要工作是收集、处理、传送信息，对学习者进行教育，实现教育的目标。而随着现代教育理念的不断更新，教师转变了教学观念，现代信息技术的发展以及现代教育媒体在教学中的应用又使得教师的角色发生了变化。信息时代对教师提出了新的挑战，要求教师具备在信息化教学环境中开展教学的能力。

1. 掌握现代教学理念

信息化教学中的教师要明确现代教学理念，掌握信息化教学的基本理论和方法，以更好地改善教学，提高教学效率。现代教学理念是指在建构主义、人本主义等理论指导下的现代教育教学思想和观念，主要包括指导学生主动建构知识；促进师生之间、生生之间的交往以及社会关系的交往；重视学生的主体性；在信息化教学过程中重视活动的重要性等。

2. 具备信息化教学能力

信息化教学能力是指教师在现代教学理念的指导下，利用现代信息技术和丰富的教育资源，运用多种信息化教学方法开展教学活动，解决教学问题，优化教学过程的能力。信息化教学能力是教师在信息化教学中所应具备的最重要的能力之一，是教师有效地利用信息技术开展教学的能力。信息化教学能力主要包括良好的信息素养和信息化教学设计能力。

3. 集多种角色、多重身份于一体

在信息化教学过程中，教师由传统的课本知识传授者转变成教学内容的设计者、学习者学习的指导者、学习活动的组织者与参与者。同时，教师不仅可以作为学生的导师，还可以成为学生生活中的朋友、学习过程中的同伴等。

（六）信息化教学中的学习者

当前，以学习者为主体的教育思想已成为教育教学的主导思想。在信息化教学过程中，学习者是教学活动的对象，是学习的主体，教师的一切教学活动都是围绕学生来开展的，没有学习者就不存在教学活动。因此，学习者是教学活动的根本要素。信息化教学环境为学习者提供了丰富的网络信息资源和灵活的学习平台，使学习者的学习方式和学习行为发生了变化。信息技术为学习者的学习带来更多便利的同时，也对学习者提出了更高的要求。

1. 学习方式多样化

信息技术的出现，使得学习者的学习行为和学习方式发生了变化，学习者不仅在课堂中接受教师的讲授、指导，还可以通过现代教育媒体获取更多的教学信息资源。学习者的学习由被动地简单接受和吸收，转变为积极主动的意义建构。在信息技术和现代教育媒体的支持下，学习者的学习方式逐渐由接受式学习转向自主学习、合作学习、探究学习。

2. 较高的信息素养

在信息化教学中，学习者要具备较高的信息素养，要能够从大量的信息资源中找寻所需的信息，并对信息进行加工、整理、保存；要能够使用常用的软件进行学习并与他人交流；要学会有效地反省、评价和监督自己的学习过程。

3. 集多种能力于一身

信息时代的学习者要具备自主学习的能力，要能够自己确定学习目标、选择学习方法、监控学习过程、评价学习结果。自主学习能力包括：①确定学习内容的能力；②获取有关信息与资料的能力（知道从何处获取以及如何去获取所需的信息与资料）；③利用、评价有关信息与资料的能力。

（七）信息化的环境

1. 环境的组成

（1）多媒体综合教室

基本组成：①简易型，投影器、银幕、电视播放系统（电视机、录像机、摄像机、VCD）、音响系统（无线话筒、音响设备）、VGA-TV 转换卡、计算机；②标准型，综合控制平台（机械式 / 智能式）、视频演示仪、大屏幕投影电视 / 背投电视（以简易型为基础）；③多功能型，带平台的摄像枪、闭路电视系统、学生信息反馈控制器，根据需要可选择与局域网、校园网、互联网相连（以标准型为基础）；④学科专业型，以简易标准型为基础，再加学科专用设备（如配备多台电子琴、监听耳机、可视系统等构成的音乐学科专业多媒体综合教室）。

多媒体综合教室是一种信息化教学的环境，它建立在课堂教学的基础之上，可以满足多媒体组合教学的要求，从而实现信息在显示方面的多样化。多媒体的教学环境有利于老师选择适合上课内容的媒体，使教学的效果最优化。比如，音乐教学，老师就可以通过操控多媒体设备，根据需要自由地使用音频、视频、文字、动画、录音、投影等手段来展示教学的内容，既生动，又形象，大大提高了教学的效率和质量。

多媒体教室是目前各大中小学校课堂教学普遍使用的一种教学环境，它主要包括黑板（白板）、模型、书本等传统教学媒体，以及大屏幕投影仪、投影屏幕、多媒体计算机、录像机、录音机、扩音器、话筒、调音台、实物视频展台等媒体设备。除此之外，每一个多媒体教室还配有灯光、窗帘等辅助设备。多媒体教室中的座位根据教学方式和学习方式的不同而摆放成不同的格局，如果是以教师的教授为主的教学方式，座位通常摆放为正常教室的布局，如果要开展协作学习和交流讨论，座位会摆成圆环形、马蹄形、蝴蝶形、餐桌形等形状。

多媒体教室的主要设备连接图像与声音两个系统。图像系统共用一个数据/视频大屏幕投影机，多媒体计算机文字与图像的数据信号可直接输入。录像机、实物视频展示台等视频信号通过切换器后也可以分别输入，能显示面积大而清晰度高的图像。声音系统是将所有音频信号通过调音台再输入一个功率放大器，输出保真度高的声音。为了方便对教室内各种媒体设备和设施（如银幕、灯光、窗帘等）的操作与控制，可以把操作与控制的功能键集中放置于讲台的一块面板上，通过集成控制系统来实施。同时，多媒体教室的计算机都与网络连接，能够实现多样化的教学，为各种信息化教学方式的开展提供了支撑。

这类教室是一种典型的传递—接受式闭合型教学系统，师生之间存在双向交流，多媒体设备主要起演示教学内容的作用。利用视音频多媒体的优势，以丰富的多媒体信息刺激学生的各种感官，可以突破教学重点、难点，从而优化教学过程，提高教学质量与效率。而且由于其结构相对简单，便于教师操作，维护比较容易，价格相对低廉，是目前最为常见的信息化教学系统。教室中的媒体设备主要是由教师使用，媒体主要起辅助教师教学的作用，虽然有时也可以用来展示学生的作品，教师仍然是课堂的控制者，学生仍然被动地接收信息。这类教室多用于以教为主的教学，也可用于学术报告活动和观摩示范课。

（2）电子媒体阅览室

基本组成：控制中心、多媒体计算机、电视播放系统（录像机、VCD机、电视机）、音响系统、媒体资源中心，资源中心，还有校园网、互联网。

这种学习环境适合个别化的学习，学习者可以根据喜好及需求自由地选择学习的媒体来自主地学习，如电视机、计算机、录像机等一些现代化的教学媒体。主动、积极地进行学习，将学习者的主体地位表现得淋漓尽致。控制中心还可以根据学习者们的学习需求将相应的媒体信息输入这些多媒体的教学设施，学习者们可以任意地听、看，这样，学习的资源不仅得到了共享，而且被利用的效率也大大提高。

（3）多媒体网络教室

基本组成：多媒体计算机、控制平台、网络服务器等。教学应用特点：这是一种基于协作学习和自主学习的教学环境。图像、声音、动画、文字等多媒体信息可以在网络教室系统的作用下被传送到学生终端机，对老师的课堂教学起辅助作用。学生可以根据自己的需要在这些共享的资源中选取适合自己的资源，这样个别化学习需求和资源共享就同时得到满足；网络教室系统还有进行小组学习讨论的功能。有一些比较高端的网络系统，还可以进行信息反馈分析和教学测试活动。

这类教室除了具备多媒体教室的功能之外，教师机和学生机、学生机和学生机之间还可以通过网络交换信息，包括视音频等多媒体数据。教师可以通过教师机进行广播教学，利用电子白板功能进行要点讲解，监控学生机操作等。学生可以利用计算机进行电子举手。

与多媒体教室相似，多媒体网络教室中学生的座位可以有多种多样的布局，教师可以根据教学方式的不同来调整学生的座位。不同的是，多媒体教室一般没有学生机或者每组只有一台学生机，而多媒体网络教室则是每个学生都有一台学生机。

目前，多媒体网络教室的解决方案主要有三种：纯硬件多媒体教学网，纯软件多媒体教学网，软硬结合多媒体教学网。就纯硬件多媒体而言，教师操作简单，信息通过专用多媒体高速线缆传输到工作站，传输速度快，性能稳定，音频视频流畅性好。纯软件多媒体网络教室基于网络操作系统来实现视音频传输，能够充分发挥计算机网络技术和多媒体技术的优势。

多媒体网络教室的功能主要包括视听教学功能、实时监控功能、分组管理功能、交互辅导功能等。这类信息化教学系统彻底改变了以往教学中黑板加粉笔的状况，大量多媒体教学信息得以方便地展示给学生，可以轻松实现集体授课、协作学习、个别辅导、探究学习等多种教学方式。学生在各种教学方式下可以很方便地同教师沟通、交流，及时得到教师的帮助和指导。多媒体网络教室中的监控功能利于发挥教师在课堂中的主导作用，让教师实时监控学生的学习行为，及时发现学生在学习过程中的问题，从而有效地保证教学效率。不过，这类教室只有和互联网连接之后才能开展更广范围的协作、探究式学习。

（4）双控闭路电视环境

基本组成：双向控制主机、分控终端、对讲系统、摄像机、录音机、录像机、DVD、VCD、电视机、多媒体计算机、信号调制系统（调制器、混合器）等。教学应用特点：这是一种基于开放性播放式的教学环境。录像机的控制点分别设置在控制室和教室，这样老师在上课的过程中，就可以根据需要对教室内的DVD、VCD、多媒体计算机、录像机等进行遥控控制，而控制室则可以根据课程表的排课情况对各个教室使用播放设备进行授权。老师还可以根据教学内容的需要选择合适的视频节目，对节目的播放过程进行掌控。

（5）语言教室

语言教室（或称语音教室）是为满足语言教学的需求，基于多媒体、网络和嵌入式系统等技术设计实现的语言教学环境，主要用于语言教学，特别是语言训练教学。它一般由多媒体控制器、教师控制面板、学生控制面板、DVD机、录像机、耳麦和功放等语音设备以及流媒体服务、虚拟存储服务、负载均衡等后台服务器组成。但近年随着功能需求的增加，语言教室已逐渐发展为"通用计算机＋语音终端"型语言教室模式。

语言教室包括模拟语言教室和数字语言教室两种，主要区别在于他们的教学素材不同，教学方法不同，学习方法不同。

（6）录播教室

专业录播教室能方便地实现对授课电脑屏幕信号、教师授课、师生互动场景以及教师板书等进行全方位、立体化的录制、编辑、点播、直播。它既有利于积累多媒体教学课件资源，也可以促进教学交流，方便学生课后复习，特别是在精品视频课的制作中发挥重要作用。录播系统能够记录课堂教学的整个过程，教学录像通过磁带和计算机系统保存下来，还能够实现通过流媒体直播和点播的方式共享优质资源。录播系统主要用于学校精品课程建设、教学现场直播、视频教学课件制作等教学活动模式，是视音频教学资源的重要来源。录播教室是在演示型多媒体教室基础上增加摄录编系统、压缩存储系统和通信传输系统设备及相关软件架构而成。在录播教室中利用课程录播系统，可以将教学过程中教师、学生和课件等现场信号同步采集录制下来，合成多媒体课件的课程。

2. 环境的功能

（1）有利于信息反馈和教师的调控

在信息技术的支持下，利用网络的方便快捷优势可以快速地传递教师的指导和学生的反馈内容。特别是学生处于网络教室环境下的学习，教师可以利用网络教室的监控功能实时进行学习情况的指导和评价。

（2）有利于教学信息多样化显示

信息技术支持下教学信息的显示方式不再局限于传统的文本形式，而是转变成图片、声音、视频动画等多样化的显示方式，让学生可以通过直接感知进行知识的获取，激发了学生的学习兴趣，提高了教学效率。

（3）有利于学生协商讨论

学生可以利用信息技术提供的多种网络交流平台，如 QQ、留言板等，随时随地进行交流讨论，它有效扫除了一些内向学生不爱发言的心理障碍，在保护学生隐私的前提下，让学生可以畅所欲言，尽情地发表自己的观点和看法。

（4）有利于教学资源的高度共享

在以往的教学中，教师如何把大量的资料和信息传递给学生，学生如何将自己的看法和心得与其他同学分享一直是教育者所注重的。而现代的信息技术就可以满足教师与学生的需求。它可以实现大容量文件资源的传递与共享，在短时间内准确有效地将需要共享的信息传递给指定的人。

（5）有利于学生获取广泛信息

互联网上的信息是海量的，利用搜索功能（如百度）可以实现信息的获取，利用网上发帖求助的功能可以实现向全球的用户提出问题，广交朋友。

（6）有利于学习者的积极参与

基于信息技术的多种强大功能，在方便教师和学生使用的同时激发了学生的好奇心，可以让学生进行自主的学习与探索，使更多的学生参与其中，扩大了受众面。

（八）信息化政策、法规和标准

教育信息化是一项系统工程，为确保我国教育信息化工作的顺利进行，国家政府及相关部门必须对教育信息资源开发、教育信息网络建设、教育信息技术应用、教育信息技术和产业等各个方面制定一系列政策、法规和标准。建立一套完善的促进信息化建设的政策、法规环境和标准体系，以规范和协调各要素之间的关系，这既是教育信息化健康发展的重要条件和保障，也是开展教育信息化的依据和蓝图。只有这样，才能使各级政府、各个单位和部门的教育信息化规范化、秩序化，也才能推动教育信息化健康顺利地向前发展。

信息化政策、法规和标准用来规范和协调信息化体系各要素之间的关系，是国家信息化快速、持续、有序、科学发展的根本保障。20世纪90年代中期以来，我国党和政府发布了一系列引导、鼓励和扶植信息化的政策性、法规性文件，积极推动信息立法工作，先后发布实施了《中华人民共和国商标法》《中华人民共和国专利法》《中华人民共和国著作权法》《计算机软件保护条例》《计算机软件著作登记办法》《关于制作数字化制品的著作权规定》《计算机信息系统安全保护条例》等法律法规，保障了信息化事业的顺利发展。教育部对教育信息化技术标准化工作极为重视，成立了教育部教育信息化技术标准委员会，组织研究指导、制定、推广与教育信息化相关的技术标准。教育信息化技术标准体系目前包含27项子标准，已经发布了《教育资源建设技术规范》《学习对象元数据规范》《教育管理信息系统数据规范》《学习管理系统（EMS）规范》《学校互操作框架》等十几项标准。在国际、国家制定的教育信息化标准体系的基础上，国家和地方根据实际情况进行了本土化制定，对教育信息化起到了规范指导作用。

四、教育信息化的原则

（一）整合性原则

信息化教学是将信息技术、信息资源、人力资源、课程内容等一系列要素整合在一个系统中，有机地将各种要素结合起来共同完成教学任务的一种教学方式。因此，整合性原则是信息化教学的首要原则。在信息化教学过程中，应当将信息技术有效地融入各类教学，将教学系统中的各个要素和各类教学资源有效地整合在一起，将各种理论、方法、教学媒体很好地结合起来，在整个教学过程中协调各要素之间的关系，发挥系统的整体优势，提高教学效率。

（二）直观性原则

学生认识活动的特点是以学习间接经验为主，但是获得间接经验要以直接经验为基础。学生，特别是少年儿童以形象思维为主，要使信息化教学符合学生的心理特征，有效地提高学生的学习兴趣和积极性，在教学过程中就应当遵循直观性原则。

直观性原则是指在信息化教学环境中为学习者创设一定的情境，提供丰富的多媒体资源，同时通过教师给予指导、形象描述知识等教学活动来促使学生积极观察、主动探究，使学生对所学事物、过程形成清晰的表象，从而丰富感性知识，主动构建知识的意义，最终正确地理解所学知识并发展认知能力。信息化教学环境集多种媒体资源、各类教学设备、各种支持系统于一体，能够为直观性原则的贯彻提供多样化的教学资源、丰富的教学功能以及各类教学支持。

（三）参与性原则

信息化教学要求改变学生以往被动接受知识的学习方式，转变为主动的、探究式的、合作式的多样化学习方式，这一变化使得信息化教学具有参与性的特征。

参与性原则是指，学生在教师的指导下积极参与教学活动，通过这种参与唤起学生的主体意识，发挥学生的主体作用，发掘学生的学习潜能，培养学生的学习能力，增强学生学习的责任感与合作精神，从而有效提高教学质量，更好地完成教学任务。

在信息化教学过程中，学生成为教学活动全过程的自觉的、能动的参与者，成为知识的主动探索者与发现者，成为自己主体建构与发展的主宰者，并在每次参与过程中实现其主动性、能动性与创造性的发展。因此，在信息化教学中我们应当借助多媒体手段、丰富的教学资源来调动学生的积极性，让学生以不同的方式参与教学过程。

（四）启发创造原则

信息化教学中的启发创造原则，是指教师利用先进的教育理念，在信息化环境的支持下采用多样化的方式支持学生的学习，并且在教学中最大限度地调动学生学习的积极性和自觉性，激发他们的创造性思维，从而使学生在融会贯通地掌握知识的同时，充分发展自己的创造性能力与创造性人格。

启发创造原则，是在现代教育理念指导下教学与发展相互影响和相互促进规律的反映。信息化教学不仅要求教师向学生传授知识、技能和技巧，而且要求教学能够促进学生主动对知识进行意义建构，同时促进学生情感、态度、价值观的发展。教学与发展是相互依赖、相互促进的。教师在教学中要将学生视为学习的主体，设计多样化的教学活动，利用多媒体手段启发学生积极思考，促使他们自己提出问题、分析问题和解决问题。

启发创造原则，还是信息化教学受制于信息化社会需要这一规律的具体体现。信息化社会发展的趋势，要求学校教育教学必须培养学生的信息素养、革新精神和创造能力。只有这样，学校培养的人才才能适应未来瞬息万变的社会要求，才能以新的思维方式去捕获新的有价值的信息，也才能在未来的工作中敢想、敢干，为社会创造财富。目前，通过信息化教学发展学生的创造性思维，培养创造型人才已经成为世界各国教学改革的重心。

（五）教学最优化原则

教学最优化原则，是指在现代教育理念的指导下，在信息化教学过程中，通过对教学系统中各个要素进行系统化设计，使各要素优化组合，从而进行最优的教学，取得最优的教学效果。

教学最优化原则，主要是依据教学效果取决于教学诸因素构成的合力这一规律提出来的。信息化教学中的要素主要是指教师、学习者、媒体和教学内容。教学最优化的标准是指在一定条件下，既能够取得最大可能的教育教学效果，而师生又只花费最少的必要时间。在信息化教学中，教师要设计多样化的教学活动和学习活动，将教学的各要素优化组合，使得每一个要素都发挥最大的效益，既达到教学的目标，又提高教学的效率。

五、教育信息化的基本特征

教育信息化既具有"技术"的属性，同时也具有"教育"的属性。祝智庭教授认为其特征可以分别从技术层面和教育层面加以考察。

（一）技术层面的特征

从技术属性看，教育信息化的基本特征表现为数字化、多媒体化、网络化和智能化。

①数字化使得教育信息技术系统的设备简单、性能可靠和标准统一。

②多媒体化使得传媒设备一体化、信息表征多元化、真实现象虚拟化。

③网络化使得信息资源可共享、活动时空少限制、人际合作易实现。

④智能化使得系统能够做到教学行为人性化、人机通信自然化、繁杂任务代理化。

（二）教育层面的特征

从教育属性看，教育信息化的基本特征表现为教材多媒体化、资源全球化、教学个性化、学习自主化、活动合作化、管理自动化、环境虚拟化等。

1. 教材多媒体化

教材多媒体化就是利用多媒体，特别是超媒体技术，建立教学内容的结构化、动态化、形象化。如今，已经有越来越多的教材和工具书多媒体化，它们不但包含文字和图形，还能呈现声音、动画、录像以及模拟的三维景象。

2. 资源全球化

利用网络，特别是互联网，可以使全世界的教育资源连成一个信息海洋，供广大教育用户共享。网上的教育资源有许多类型，包括教育网站、电子书刊、虚拟图书馆、虚拟软件库、新闻组等。对于我国教育来说，面临的一大问题是网上中文信息资源的严重不足。开发网上教育资源，不但是教育部门的任务，也是社会各部门以及教育工作者的义务。美国的网上基础教育资源体系就是依靠社会各界的协同努力建立起来的。

3. 教学个性化

利用人工智能技术构建的智能导师系统能够根据学生的不同个性特点和需

求进行教学和提供帮助。为了做到这一点，学生个性的测定，特别是认知方式的检测，将成为教育研究的重要研究课题。

4. 学习自主化

由于以学生为主体的教育思想日益得到认同，利用信息技术支持自主学习成为必然发展趋势。事实上，超文本、超媒体之类的电子教材已经为自主学习提供了极其便利的条件。

5. 活动合作化

通过合作方式进行学习活动也是当前国际教育的发展方向。信息技术在支持合作学习方面可以起重要作用，其形式包括通过计算机合作（网上合作学习）、在计算机面前合作（小组作业）、与计算机合作（计算机扮演学生同伴角色）。

6. 管理自动化

利用计算机管理教学过程的系统称为 CMI（计算机管理教学）系统，包括计算机化测试与评分、学习问题诊断、学习任务分配等功能。最近的发展趋势是在网络上建立电子学档（Electronics Gear），其中包含学生身份信息、活动记录、评价信息、电子作品等。利用电子学档可以支持教学评价的改革，实现面向学习过程的评价。

7. 环境虚拟化

教育环境虚拟化意味着教学活动可以在很大程度上脱离物理空间时间的限制，这是电子网络化教育的重要特征。如今，一系列虚拟化的教育环境，包括虚拟教室、虚拟实验室、虚拟校园、虚拟学社、虚拟图书馆等已经涌现，由此带来的必然是虚拟教育。虚拟教育可分为校内模式和校外模式。校内模式是利用局域网开展网上教育，校外模式是指利用广域网进行远程教育，在许多建设了校园网的学校，如果能够充分开发网络的虚拟教育功能，就可以做到虚拟教育与实际教育结合，校内教育与校外教育贯通，这是未来信息化学校的发展方向。

第二章　高校本科教学信息技术应用现状

在信息化的时代背景下，信息技术承载着高等教育改革的使命，也逐渐成为高等教育改革的有力工具。本科院校在转型发展的过程中，应该积极探索实践信息技术与高等教育的融合。本章主要分为信息技术对本科教学产生的影响，高校本科教学信息技术应用存在的问题以及高校本科教学信息技术应用存在问题的原因三部分，主要对高校本科教学信息技术应用中存在的问题进行了探究与分析。

第一节　信息技术对本科教学产生的影响

一、信息技术对教学时空产生的影响

现代意义上的学校教育产生于 17 世纪后期，与印刷技术的广泛应用有着密切关系。其满足并适应了工业化发展的需要，并在 20 世纪发展到顶峰，形成了标准化、制度化的教育体系。在这种教育体系下，教学活动是选择在一个特定的场所（学校），由特定教师向特定的人群（学生）传授特定教学内容的活动，这种教学活动是在一种封闭状态下进行的。之后，随着信息技术的发展，教学时空产生了很大的变化。

（一）拓展了教学的空间

传统教育由于受特定时空的限制，面临社会对人才的需求与它所能提供的学习机会之间的矛盾。而信息技术的发展延伸和拓展了教学的时空，人们可以利用互联网络技术、远程通信传输技术等将处于不同地区的学校、学生联结起来，改变学校教育生存的内外环境，甚至将教学迁移至太空，例如，2013 年 6 月 20 日，中国"神十"航天员利用太空进行实时授课，并允许学生与航天员

对话等。因此，在现代信息技术环境下，校园的围墙界限被突破，教学将不再受地域空间和对象的限制，高校的教学资源也能有效地向社会各个地方延伸，学习地点可以是教室，可以是工作场所，也可以是家庭。从未来发展趋势来看，现代信息技术促使课堂教学资源具有独特的跨时空共享特征，将会出现许多虚拟学校、大规模开放性在线教育等新的教学形态。现阶段，这些教学形态将与传统教育形成有益的共存与互补。

（二）改变了时间上的限制

时间与空间总是密切相关的。现代信息技术改变了信息的传播方式，在打破教学空间限制的同时，也打破了教学时间的限制。学生的学习时间不再是固定和规定，会更加灵活、多样和随机。正如比尔·盖茨在《未来之路》中所指出的："教育的最终目标会改变，不是为了一纸文凭，而是为了终身受到教育。"正是由于这种时间上的变化，信息技术也就改变了学生的构成，大学生可以随时随地地接受在线教育和个别化教育，接受方便、高效的教育。

二、信息技术对教学方式的影响

信息技术发展改变了人类的生存状态，将我们生活的世界分为现实世界和虚拟世界。体现在教育上，学校的课堂也就可以分为现实课堂和虚拟课堂两种，人类可以利用虚拟课堂开展教学实践活动。我们将虚拟课堂引入传统教学，是将网络作为传统教学的工具和手段，在尽可能保持传统教学固有优势的前提下，把传统教学的优势（现实课堂）和数字化教学（虚拟课堂）的优势充分发挥，实现两者的优势互补，获得更佳的教学效果，这就是混合式教学。当然，信息技术作为一种媒体，利用它进行教学也有一定的适用范围，不是什么内容都可采用，应当选择一些具有开放性的、适合于信息化教学的教学内容来进行。

（一）信息技术改变了教学信息存在的基础

信息技术作为一种新的教学手段被引入教学，将会改变原有教学信息存在的基础。传统的教学手段，如口头语言、书面语言，其教学信息存在的方式是以原子（atom）为基础，有一定的质量；而以信息技术为代表的现代教学手段，其教学信息存在的基础是比特（bite）。比特没有颜色、尺寸或重量，能以光速传播，是信息的最小单位。原子具有一定的重量与质量，因此，用传统的教学手段传播教学信息具有静态特征，缺乏教学的直观生动性。而且这种信息往往不能让学习者随意"操作"，成为一种"死"的信息，由此制约了其对学生学习的吸引力。而比特是一种没有重量与质量的二进制符号，因而基于该技术手段下的教学信息具有动态特征。也就是说，操作者可对教学信息进行技术性处理与操作，如进行信息的移动、放大、旋转等处理，甚至可根据学习需要而使教学信息呈现出大小、远近、虚实活动的变化，从而更加生动、灵活、多样地表现事物，呈现教学信息。

（二）教学信息存在方式的变化引起新的教学系统的产生

基于比特而存在的教学信息，与时间、空间的相关性较低，既可在同时空中进行教学，也可在异时空中进行教学。特别是在教育规模较大、场地间隔较远等情况下，以信息技术为基础的现代教学手段的时空适应性的优点就会更加凸显。教学信息对时空要求的突破，使得利用现代信息技术为中介实施教学成为可能，由此，"教师—网络—学生"的"一人一机"教学系统得以出现，导致教学方式的革命。在这种新的教学系统中，教师由传统课堂教学中在场支配、主讲的角色转变为在幕后设计开发数字化教学资源、指导学生学习、提供学习咨询的角色。大学生由台下的静听者、接受者，转变为主动者、自动者和操作者，能够自主地根据自己的学习情况，选择学习内容，采用合适的学习方法，有计划地调节学习进度与难度，真正成为学习的主人。因此，信息技术作为一种新的教学手段进入教学，改变了千百年来本科教学中一直传承的同时空教师教、学生学的传授—接受式教学，使师生异时空的指导—自主式教学成为可能。

三、信息技术对教学主体的影响

（一）教学信息传播方式的变革呼唤学生成为教学主体

信息技术进入教学系统，改写了原有的教学手段，产生了新的教学方式和教学系统。这引发人们的思考：教师与学生到底谁是教学的主体？在教师教、学生学的教学活动中，回答这个问题的确很难。经过几年的争论，主要形成了教师主体说、学生主体说、双主体说、教师主导学生主体说等。

在传统的教学系统和基于信息技术的教学系统中，教学信息的传播方式具有很大差异。使用传统教学手段开展教学，需要教与学在同一时空，教学信息的传播是：传播者（教师）主动推给接受者（学生）。这种教学信息的传播模式由教师控制，教师决定信息传播的内容、容量、方式、对象、节奏与难易度等，具有绝对的"主导权"甚至是"霸权"。因此，不存在学生对教学信息的选择权，也就没有学生的主体性可言。但在使用以网络为基础的现代信息技术教学手段时，教学信息的传播是：学生主动提取，教师提供教学信息资源库。在这种教学信息的传播模式中，开放性的网络教学信息由师生共有，由此破除了教师对教学信息的"霸权"地位，实现了教学信息的师生共享。而且，教学信息的内容及其容量、教学信息的呈现方式与速度、教学的节奏与难易度等，可由学生自主选择。因此，在运用教学信息时，学生必须保持学习的主体性。

（二）大学生的主体性在现代教学手段中得以发展

大学生使用现代信息技术进行学习，对教学信息的应用必须保持一定的主动性，同时需要有一定的自律和主动精神。利用网络教学信息学习，不像在传统的学校课堂学习，总是有人在督促。大学生一旦学会利用网络学习，就不再是被动的学习者。因此，在利用网络学习时，大学生比以往任何时候都更需要具有主体性；而且这种主体性要在网络的运用中得以发展。

总之，信息技术手段运用于教学，将会出现无中心或多中心、无主体或多主体的特点，改变了以教师为中心、学生被边缘化的情况，形成了师生间权利对等分配，师生都是教学的中心，或者都是"去中心"后的主体的情况。教师的地位、作用将发生变化，由"教"向"导"转换，教学不再是向"容器"灌输而是学生的主动学习，学生由"生徒"变为主体的人，从"要我学"转向了"我要学"。

四、信息技术对教学环境的影响

随着教学环境的变化，尤其是信息技术的引入，教学模式的创新迎来了崭新的契机。同时，教学模式的发展也要求教学环境随之变化，二者相辅相成。首先，信息技术的快速发展为学生创建了一种新型的学习环境，它带来的多媒体教学环境下多样化信息显示方式、信息搜索方式以及快速的信息传输方式为学生进行自主探究、协作探究创造了前提条件。可以说，多媒体这一教学环境的开创，大大地推动了自主学习、合作学习和个性化学习模式的研究与发展。其次，信息技术下的知识信息多样化显示以及其信息数字化功能，将传统课堂教学中复杂的原理、实验和规律简洁化，并通过图像、视频动画等形象、直接的形式表现出来，可以刺激学生的多种感知器官，增加课堂趣味，让学生在生动有趣的学习氛围下自主学习，主动进行知识的建构，学习效果自然不言而喻。

同样的，教学环境的创建方向也受教学模式创新的影响，它是在教学模式的引领下开创的。随着教学理论深入化的研究和多样化教学实践的开展，学生对知识的需求量已经不能仅依靠原有的教学模式输入，因此就产生了新的教学模式。要使相应的教学环境适应新的模式的教学，就需要创建网络化、虚拟化以及趣味化的情景。多媒体教学环境是多种环境中的一种，但教学环境不能拘泥于多媒体，而是要随着模式的发展而改变。

信息技术为教学环境建设增添了新色彩，让教学的环境有了巨大的改变。数字化的教学过程、传输、处理以及信息的显示都让传统教学环境望尘莫及。

（一）教学过程智能化

计算机辅助教学（CAI）系统在技术上以应用人工智能为主，实现了教学过程中的自动化服务。其不仅可以大致体现出学生的学习情况，还可根据实际情况给出不同的教学方案及内容，让教学进度实时跟进，教学方法和策略得到相应调整。人工智能技术大大节省了教师的时间，使教师有精力去设计和开发教学软件，更好地组织课堂教学。

（二）信息显示多样化

基于信息技术的教学环境，不再是传统单一的文本信息方式，同时实现了图片、动画、视频等多种形象直接的显示方式，刺激着学生的多种感知器官，从而使教学效率大大提高。

（三）信息处理数字化

传统模式下的课堂，教师和学生将大量的时间浪费到复杂的运算当中，用于实际的内容和方法的教学少之又少，这样就使得学习效率降低，学生的学习积极性也被削弱。但是在信息技术的支持下，那些图文声像等各类教学信息的记忆存储、复杂运算、逻辑判断等都进行了数字化处理，方便学生理解和记忆的同时节省了课堂时间，为教师讲授内容和方法提供了充足的可能性。

（四）信息传输网络化

教学内容可以通过网络进行传输，从而实现异地同步的教与学。网络化的传输可以实现文本、图像、视频和声音等的传播，支持群组传输和个别指导。不同地区的教师和学生可以共享优秀的教学资源，避免了资源的重复开发。

（五）信息存储硬盘化

随着硬盘价格的降低，大量的教学信息利用硬盘进行存储。这样既节约了计算机的空间，提高了运行速度，又可以长久保存，随时调取使用。同时，非线性的查找方式也为调取信息提供了极大的便利。

（六）交互界面图形化

随着信息技术的发展，交互界面实现了由图形化代替原来的文本，整个界面更加人性化，操作也更快捷。

总之，教学环境与教学模式都是不断发展变化的，二者相互影响、相互促进，共同服务于信息技术时代的教育教学。教师要弄清二者的关系，努力创造新的教学环境以适应教学模式的发展。

五、信息技术对教学创新的影响

教育大数据为实现教学创新提供了有利条件。通过对学习者学习背景和过程相关数据的测量、收集和分析，归纳总结各自的学习风格和学习行为特征，进而提供个性化的学习支持，可以在确保教育的规模同时针对每个学习者的特定需求实现差异化的教育供给，从而解决长期困扰教育行业的规模化与个性化的统一问题，实现差异化的教和个性化的学。

（一）教育大数据支撑个性化学习

从根本上说，"数据驱动学校，分析变革教育"将成为我们未来向"教育2030"转变的一个主要趋势。教育大数据支持由传统的集体教育转向个性化教育的关键技术支撑是学习分析，可以说，学习分析的本质就是大数据在教育领域的应用。学习分析可以从海量的学生相关的数据中归纳分析各自的学习需求、学习风格、学习态度、学习模式等信息，提供适合不同学习者发展的学习内容和学习指导。

通过对教育大数据的收集、整理、分析，教育者能够依据学习者的风格和偏好提供个性化的教育教学，满足学生个体的不同需求，实现真正意义上的个性化教育。比如，美国奥斯汀佩伊州立大学针对学校提供的课程不能满足学生要求的情况，利用学习分析技术构建了一个学位罗盘的个性化课程推荐系统，系统依据学生学习数据之间的匹配程度帮助学生选择最适合自己的课程，以便学生更顺利地完成学业。教育大数据功能实现的过程主要划分为三个阶段。

1. 数据收集

主要是对学生的历史学习数据进行收集。

2. 分析对比

即从学校存储的毕业生或者高年级的数据库中检索出与该生学业情况类似的学生数据，利用学习分析技术分析学生的历史成绩与课程学习之间的相关性，并以此推测该学生未来所取得的课程学习成绩。

3. 个性化推荐

即结合学生的专业学习要求、课程重要程度向学生提供一份个性化的课程推荐表，表中课程推荐指数按照重要性、适合性以不同的等级呈现。

对教育大数据的收集、整理、分析、挖掘还能够为学生提供预警反馈，提早纠正某些错误或者可能会产生不良影响的行为。教育大数据挖掘综合运用数学统计、机器学习和数据挖掘技术与方法对教育大数据进行处理和分析，通过数据建模，发现学习者学习结果与学习内容、学习资源和教学行为等变量的相关关系，以此预测学习者未来的学习趋势。

（二）教育大数据促进分层差异化教学

教育大数据促进分层差异化教学主要表现在以下三个方面。

首先，教育大数据为开展差异化教学奠定基础。利用教育大数据能够促进教师的专业化成长，更好地、更科学地支持差异化教学工作。比如，美国的 Kick Up 是一个专注于教师测评标准化的工具，其测评数据来自教师的自查报告及学年内的各项教学结果的反馈。这些数据可以纵向记录教师的成长历程，提出有待改进的地方。该工具依据学生和教师数量按照地区进行收费，目前全美有超过 50 个地区的学校在使用这款测评软件。

其次，教育大数据是实施差异化教学的工具。以教育大数据作为工具可以系统、精准地进行差异化教学，而学情分析则是该工具发挥作用的方式之一。学情分析可以解决教学过程中的精准化问题，不仅能够精准掌握单个学生的学习态度、风格、需求，也可以统计分析全班的成绩分布、知识掌握情况，为老师选取恰当的教学方式、合理规划资源、实现教学过程的精准化提供支撑。以智能教学系统为例，该系统集成了智能教育核心服务中的学情分析服务，能够采集班级所有学生的行为数据、基础信息数据和学业数据并提交给学情分析服务系统。学情分析服务系统通过后台的大数据分析与智能技术处理，形成对学生个体与学生整体的画像，生成可视化的学情分析报告并提供给教师。教师根据学情报告中的各项指标数据，可以准确规划教学路径、精确设计教学策略，从而实现教学过程的精准化。

最后，教育大数据能够实现差异化教学的规模化。一般而言，差异化和规模化是对立统一的，实施差异化就难以做到规模化，实现规模化就难以照顾到个性化、差异化的需求，而教育大数据则能够将两者有机融合。比如，慕课平台能够打破传统地理空间、时间限制，以线上的方式给人们提供更多教育机会，依托大数据构建学习者体验模型，为每一个学习者提供不同类型的教学服务，从而实现规模化下的多样化、个性化教学。

六、信息技术对教学内容的影响

信息技术中的网络技术、虚拟技术能有效地解决知识信息的有限时效与快速更新之间的矛盾，使学校的教育内容不仅仅局限于书本、教材上的知识，而逐步扩大到虚拟无限的网络空间。面对纷繁复杂、瞬息万变的世界，社会对人才提出更多新的需求，学校封闭的教育体系将被打破，与社会的联系将更加紧密。走向开放，既包括对学生现实世界的开放，也包括对学生可能世界的开放。在课堂教学中，教师可以运用现代信息技术手段，把丰富多彩的社会资源引入课堂教学。比如，可以让学生看到万里长城、南极冰川、海底世界等壮丽景色，也可以将周期长的事件在短时间内通过视频呈现给学生。这些信息化手段的利用不仅能扩大教学的信息资源，而且能丰富教学内容，具有传统教学手段无法比拟的优势。此外，信息技术的发展，使教材的形式发生了根本性的变化。教材的形态不再局限于文字、音像，还可以是以信息技术为载体的各种各样的教学软件，如专题学习网站、网络辅助教学课程教学资源等。当然，也有许多网站能够提供丰富的教学资源，使人们轻松地获取知识和信息。

第二节 高校本科教学信息技术应用存在的问题

任友群等通过调查发现，即便在我国发达地区，优质学校教学工作与信息技术的融合情况也并不紧密，普遍存在信息技术运用偏差的情况。教师在教学中使用信息技术的热情不高，学生也并不认为信息技术对其学习具有重要作用，所使用技术手段、现有教育资源的建设还非常单一。

李睿则就教师使用的信息工具和功用方面进行研究，发现网络是教师运用的主要技术对象，而其他迅速发展技术（包括移动技术、娱教技术、智能技术等），教师接受度并不高，而且教师对信息技术的相关理解还很滞后。虽然在日常教育教学中教师已经习惯使用网络、多媒体，但使用的目的还只停留于寻找教学资源、辅助教学活动的阶段。而"正确运用信息技术"进行课内外作业讨论交流、教学过程及课程评估、多学科知识沟通联系教学、跨时空及时互动合作的"观念还未形成"，技能更显落后。

陈迪非常系统地统计了课堂教学使用信息技术的问题，认为就实际运用来看，现阶段我国的信息技术课堂教学存在许多困惑和问题亟待解决，最明显的就是课堂信息化"教学观念、认识上的误区和滞后"，学校信息技术应用于课堂教学表现出了"缺陷与疲态"。观念和认识上的误区和滞后主要表现为：一方面，对新出现的技术表现得无关痛痒或过分热情，出现技术无用与技术无所不能的两种误区；另一方面，在课堂教学运用信息技术的过程中，也存在对技术运用的形式与方法认识滞后的问题。多媒体教学技术的介入与应用"显露出缺陷与疲态"的情况是，课堂使用多媒体教学减少了师生间的交流互动，与传统课堂相比，课件播放展示代替了教师讲授。许多教育实践与研究发现，计算机进入课堂教学减少了师生之间的关联，学生的有效注意和思维兴趣分散到了教学机器上。由于机器进入课堂，教师的活动被控要素增加，这束缚了教师对教学活动的自主安排，视频音频代替了板书演练，观看代替了互动。如此一来，信息技术的作用并没有发挥，仅仅是教师的帮手，没有真正成为学生学习的有效支撑。

回顾人类历史，技术曾经创造过无数奇迹，实现了人类许多梦想，我们自然而然会给予许多期待与关注。20世纪后半叶以来，信息技术的飞速发展，网络技术的出现与普及，使技术渗透到社会生活的各个方面，改变着人们的生活、学习和工作。本科教育也受其影响，应用越发广泛与深入，掀起一波又一波的信息技术在教育教学中的应用热潮，经历了计算机辅助教学、网络辅助教学、信息技术与课程整合、信息技术与教学融合等几个阶段，取得了一些成绩，但在具体使用过程中也存在一些问题。

一、没有树立信息化教学观念

没有树立信息化教学观念主要表现为教师教学的习惯、认识和观念上的问题、信息技术应用的资金投入问题，以及学校的政策导向与考核评价等。

（一）教师教学的习惯

有关研究表明，人的行为方式一般是建立在一定的行为习惯和传统基础之上的，容易受理念等因素的影响。教师自身也具有较强的保守性，一旦形成相对稳定的教学方式，就不易受外界各种因素的影响而发生改变。

在课堂教学上，一些教师已非常习惯于一块黑板、一支粉笔、一本教案的教学形式，轻车熟路，得心应手，认为自己这样的教学模式已经很好，不需要使用信息技术。

（二）认识和观念上的问题

在地方院校中，许多教师来自非师范院校，他们对新的教学理念和教学方法不是十分熟悉，自然也不会轻易采用。他们认为使用信息技术不能改善教学效果，甚至对自己熟悉的学科是否需要采用信息化教学没有足够的认识和理解，更缺乏研究的积极性。正是这种观念导致部分高校教师仍然习惯于传统的以黑板和粉笔为主的教学方式，对信息技术持排斥的态度。

（三）信息技术应用的资金投入问题

信息技术要想在本科教学中得到有效的应用，需要给教师和学生提供方便快捷的信息技术使用条件。也就是说，学校需要一定的信息化建设方面的资金投入，让学校拥有一定数量的计算机，能为广大教师、学生提供良好的上网条件，同时能有一定的教育软件的支持等。经过二十多年的发展，一些条件好的地方高校在网络设施建设方面已具有一定的规模，也陆续购买了一些信息化教学资源软件平台，如大学英语学习平台、清华在线教学平台等。虽然这些硬件设备是以实实在在的物质形态存在的，容易让人得到一种投入的感觉，但信息化软件资源、师生的信息素养的提升往往被忽视。尽管有了一定的硬件设备投入，但若没有相关的软件资源投入，硬件设备应有的效益很难得到发挥。

（四）学校的政策导向与考核评价

教师是教学的灵魂。国家、地方和学校各个层面制定的政策为教师提供实质性的物质奖励、可用的培训知识、充足的个人时间以及对教师的考核方式，这些都是影响信息技术在教学中应用的重要政策因素，特别是对高校教师教学的考核方式。

目前，许多高校对教师的考核方式仍以论文发表的数量和质量为考核依据，也是评聘职称的重要基础，较少有人关注教师的教学水平。这种"重科研、轻教学"的考核评价方式，导致相当多的教师在科研方面下功夫，而对教学却敷衍了事，缺乏对教学思想、教学模式变革方面深层次的思考和研究，不会把新旧两种教学理论进行有机整合，更谈不上花费很多的时间和精力去研制、开发教学资源与课件。

二、没有掌握必要的信息化教学技能

没有掌握必要的信息化教学技能，一方面表现为信息技术知识和技能的缺乏；另一方面表现为对信息技术的过度使用。

（一）信息技术知识和技能的缺乏

正是信息技术知识的缺乏，导致部分教师在使用信息技术时存在畏难情绪。这一点表现在教学中，就是很少甚至不使用信息技术，年纪大一些的教师表现得会更加明显。他们很难感受到技术在教学中的作用和价值，更无法体验技术给教学活动带来的方便与高效。也有一些教师会由于对技术的不熟练，害怕在学生面前显得手脚笨拙，因而不敢使用。

（二）对信息技术的过度使用

信息技术作为一种新技术，多种多样，层出不穷。它既有优点，也有缺陷。但部分教师一旦接触到这种新生事物，往往只看到它给教学带来的好处，马上就给予充分肯定，而忽视了技术本身具有的某些缺陷；或者在教学中刚刚引入一种技术，还没有完全消化吸收，就急于跟进最新的技术，不给现有技术足够的适应和发展空间。也就是说，为了用而用，一味地追求技术，根本没有发挥信息技术在教学中应有的效果。

在教学过程中有部分教师认为，一节课如果没有用到多媒体网络，或者只用了几分钟的计算机，那肯定不是一堂好课，甚至形成"无多媒体不成好课"的趋势。而其所谓的多媒体课件，只是简简单单的文字加图片。事实上，多媒体网络也是信息技术一部分，是一种辅助手段，而不是目的，推进信息技术的应用是为了通过信息化达到更好的教学和学习效果，技术应用得好坏主要看其是否用得恰当，在于质而不在于量。

而部分教师对信息技术保持着依赖的状态，在教学中不管什么环节都用信息技术来解决。原本在课堂教学中可以人面对面实现的交流和讨论，非要利用网络论坛、发帖子或视频系统来实现。结果不但没有收到良好的教学效果，反而造成人力物力和时间的浪费，更可悲的是淡化了师生的感情，缺少了师生间的直接互动。

三、没有深度发掘信息化教学内涵

没有深度发掘信息使用化教学内涵，主要是由于部分教师对信息技术的认识与理解存在一定误区，未能充分理解信息技术在教学中使用的内涵，使用上存在浅层化与泛化的现象。

（一）认识与理解上的问题

从整合的视角看，将信息技术应用于教学就是将信息技术全面有效地应用到教学过程中，目的是重组、重构各种教学资源和要素，在整体优化的基础上产生聚集效应，促进教学方式的变革。在这个过程中，教学始终是主体，信息技术只是为了配合教学、辅助教学，为教学服务，目的是提高教学质量与效率，代替教师的部分劳动或做一些教师凭人力做不到的事情。一些教师由于没有系统地进行过相关理论概念的学习，知其然不知其所以然，所以对信息技术用于教学的认识只是停留在表面。他们在认识和理解上存在着误区：①在日常课堂教学中使用了幻灯投影、计算机等与信息技术相关的设备，就认为自己开展了多媒体教学；②在信息化教学资源平台上放置一些电子化的教学资源，如教学大纲、电子教案，提供一些相关的网站链接供学生使用，就以为开展了信息化教学。殊不知，他们仅仅是利用信息技术在教学中做了一些基础性的工作，仅仅完成了教案的电子化、教材的电子化、课堂教学的电子化。他们并没有认识到：信息技术不仅仅是一种技术、一种手段，它也包含了许多丰富的内涵，蕴含着新的思想和方法。它在教学中应用的实质并不是将信息技术与学科内容进行简单的叠加，而是将技术、资源、思想、方法、内容进行有机结合，达到相互融合的目的，是完成特定课程教学任务的一种新型教学方式。这种教学方式需要理解在教学中何时引入信息技术，在教学的哪些方面引入信息技术，需要采用什么样的教学方法与之相适应等关键问题。

很多教师认为，要把信息技术应用到自己的学科教学中，首先就要有非常完美的课件，所以花大量的时间在课件制作上，却把自己的教学内容和教学过程以课件的形式固化起来，以至在教学过程中形成了"教师—课件—学生"的教学方式，因而割裂了教师与学生之间的直接联系。教师在课堂上，注意力和教学过程全部局限在课件上，鼠标、键盘不断按动，眼睛瞪着屏幕，口中念着课件上的内容。而学生则盯着不断变化的屏幕，把它当成传授知识的老师。学生的学习情况难以及时汇总反馈，学生在学习活动中获取有效学习信息的来源受到诸多限制。教学过程以课件为中心，教师成了多媒体的放映者，无法发挥主导作用，也无法突出学生的主体地位，师生都被禁锢于课件、多媒体、设备操作中，这种做法未免本末倒置。教师应该摆脱以课件为中心的这种思路，从关注课件设计到更关注教学过程的设计。

（二）"穿新鞋走老路"的现象

在各种软硬件条件得到保障时，在政策的引导下、优秀示范的带动下，一些教师开始能够并愿意接受将新的技术用于课堂教学。比如，能在案例教学、情境教学中为学生引入丰富的信息化学习资源等，但这种应用仅仅停留在形式上，并没有对原有的教与学的方式产生实质性的改变，更谈不上教学方法、教学模式的创新等。较为典型的是，教师在利用课件进行多媒体教学时，仅仅是"教材搬家"、念PPT，师生、生生间缺乏必要的交流互动，学生在大容量、大信息的轰炸中疲于奔命，"人灌"成了"机灌"，现代化的教学方式荡然无存，陷入"填鸭式"教学的怪圈。

（三）使用泛化的问题

随着学校软硬件基础设施投入的增大，信息技术越来越被广大教师所接受，使用的范围也越来越广，这必然带来技术使用的泛化问题。在具体的教学实践中，这种泛化主要表现为三点。①认为只要是使用了信息技术就是应用多媒体进行教学，使信息技术在教学中的应用表现得浅层化和表面化。②部分教师由于对信息技术过于依赖，如果离开了课件或课室设备出现问题，就不知该怎么上课；或急于追求最新技术，在没有对信息技术充分消化的基础上就匆匆"上马"，没有给现有技术足够的适应和发展空间。③不负责任，应付教学。有的教师为了偷懒，使用别人制作的现成的教学资源或课件，忽视学生差异、环境差异，不管班级、年级学生的特点，不加改变地使用同一教学内容，从而让技术游离于学科课程教学目标之外，难以实现应有的效果。因此，教师对信息技术在教学应用中的认识和理解是影响信息技术在教学中应用的重要原因。

具体来说，第一，选择的信息技术手段华而不实，忽略了教学的本质。使用多媒体技术、网络技术等为教学注入了许多活力，使长期困扰教师的某些过于抽象、死板单调的知识点和教学难点迎刃而解，教师在感到惊喜之余，往往对各种各样的多媒体效果，如动画、声音、特效等爱不释手，将它们统统都用到教学中去。例如，让自己的电子教案或多媒体课件每次点击鼠标都发出声音、产生动画，有的动画和声音跟自己的教学内容没有丝毫的关系，学生看得眼花缭乱，听得心里厌烦，这样不但没有起到呈现知识点的作用，反而将学生的注意力吸引到了无关的声音和动画上去。事实上，只有日常教学中实用性强的课件才是真正的好课件。这种课件不必特别美观，也不必有很高的技术含量，信息也不必特别丰富，涵盖的知识点也不必很多，只要能够成为学生的认知工具或情感激励工具，在教学中发挥到实用、管用、好用的作用即可。

第二，选择的教学课件信息量过于庞大，与课堂容量不符。很多教师在制作课件时无原则地增大教学密度，令学生应接不暇。虽然多媒体在教学中可将声音、图像、动画集成一体，能充分调动学生的多种感官来获取相关信息，并可在设计者的优化组织设计下，增大信息传播速度，调动学生的积极性，提高课堂效率。但从学生的认知规律来看，一堂课如果内容太多、进度太快，学生就很难集中注意力，呈现的信息切换过于频繁，学生的注意力就很难及时地转移。忽视学生的认知规律，而一味加大教学密度，即使图文声情并茂，学生也经常会手忙脚乱，顾此失彼。所以，教师一定要科学地处理技术的使用与学生认知规律的关系，重视启发性原则，给学生留出时间去思考，安排适量的活动去发现。

第三节　高校本科教学信息技术应用存在问题的原因

一、信息技术的特殊性

（一）信息技术来源的多元性与复杂性

其中包含源于为教学专门开发设计的技术，源于为某些学科、专业专门开发的专用软件技术，还有一些源于其他领域的技术信息。

（二）信息技术的不断更新

随着信息技术的不断发展，将会出现两种情况：①一种新出现的技术取代旧的已有的技术；②原有的技术在应用中出现了问题，需要不断升级改造。

（三）信息技术的不稳定性

教学中应用的技术有单一的技术，也有系统集成的技术，但只要是技术，就可能有技术上的故障与问题，如病毒的问题、软件的兼容性问题等。当问题出现时，教师可能没办法在上课时间去查找原因、解决故障，因此可能就放弃使用信息技术，改用传统的"粉笔＋黑板"模式。

二、信息技术的二重性

信息技术对教学的影响具有二重性，这是由信息技术自身的特性决定的。一个技术的产生是为了满足人们的某种需要，但由于人们对技术存在不同的价值观和技术观，就会对技术做出不同的评价和选择。当技术满足人们的某种需要并促进人的发展时，就会产生积极的正价值，服务于人，体现人的目的；倘若使用过程中违背技术使用规律，就会产生有损人的存在与发展的负价值。存在的这种技术异化现象，由技术本身的属性所决定，与技术谁使用、如何使用无关。比如，在教学过程中，多媒体课件在给我们带来直观形象的图像、动画的同时，也必然让我们得到视觉的强化和听觉的弱化。信息技术自身的这种特性决定了信息技术对教学的影响具有二重性。当我们认识到技术在教学中的应用具有二重性时，一方面，我们就会认识到技术在教学过程中出现某些问题是一种必然现象，没必要大惊小怪，更不可因此而抵制和拒绝技术在教学中的应用；另一方面，这促使我们正视技术在教学中进一步出现问题的发展和蔓延。我们需要客观地分析技术使用过程中出现问题的成因，采取积极的措施使问题在最大程度上得到消解。由技术自身导致的问题，可以通过技术的更新、改进来消解；由技术使用导致的问题，可以通过恰当的引导，达到正确使用的目的。

三、信息技术在教学中应用的局限性

（一）品德教育方面的欠缺

利用以计算机为核心的网络等设备开展教学或学习，有利于学生对某些知识技能的学习和掌握。毕竟机器不是人，对以意志与行动为最高形式的品德教育较难以完成。

（二）人格示范的欠缺

人的人格塑造有时需要一定的情境，在一定的示范下完成。在教学中，如果没有教师的引导，没有教师直观的人格示范，完全利用网络开展学习，学生将容易出现人格障碍等。

（三）缺乏情感感染

学生利用计算机进行学习，面对的是冰冷的机器，这容易导致学生情感上出现人机关系热，而回到现实世界时，人际关系冷，出现一定程度的孤独感。在没有人的情感教学环境中，难以完成对学生的情感教育。

（四）易误导注意力

网络教学资源非常丰富，内容又具有开放性、过程非线性和隐蔽性，如果完全放开让学生利用网络资源学习，学生有时会放松对学习内容的关注，分散注意力，偏离学习目标。

四、政策的导向性与保障性

（一）教师激励机制与政策导向

由于广大教师在信息化教学过程中需要投入大量的时间和精力，因此在政策的制定上，需通过多种方式对参与信息化教学应用的教师给予适度的引导和激励。例如，承认教师在各类信息化教学应用中获得的奖项与成果；奖励在信息化教学应用中表现突出的教师；承认教师在信息化教学中所接受的培训为继续教育学分的一部分；定期进行信息化教学的课例、课件比赛等。

（二）信息化教学保障制度

影响信息化教学应用的因素，包括信息化教学软硬件环境的建设与投入，师生信息素养的提升等，这些都需要结合国家、地方的相关政策，结合学校的实际情况，有计划、分步骤地制定信息化教学的政策与制度，保障信息化教学的持续性资金投入与科学合理的信息化建设规划。同时，为保障信息化教学环境的正常运行，需要组建一支技术支撑服务队伍。

第三章　慕课对高校本科教学
关键要素的挑战

对于教学要素的划分，不同的学者由于所站的角度和对概念理解的不同而存在不同的分法。具体而言，有三要素说、四要素说、五要素说、六要素说，以及教学要素层次论等。其中，提到的教学要素有：教师、教材、学生、信息、教学资源、教学内容、教学媒体、教学环境、教学评价、教学方式、教学目的、教学方法、教学原则、教学手段、教学反馈等。本章分为慕课风暴中高校师生角色的转变、慕课对高校本科教学资源的挑战、慕课对高校本科教学方式的挑战、慕课对高校本科教学评价的挑战四部分，主要内容包括慕课出现后师生角色的变化、教学资源的变化、教学方式的变化以及教学评价的变化等方面。

第一节　慕课风暴中高校师生角色的转变

一、教师的角色转变：慕课教学的策划者、组织者

慕课，即大型开放式网络课程。有人言，慕课的出现，使某些教师面临被淘汰或成为辅导教师的危险，因为慕课上的教师都是名师，具有较高的教学水平。如果现实中的教师教得不好，学生就不去上他的课程，而选择去慕课平台上，上名师课程。既然都是要上课，何不听更优质的课呢？为此，北京大学的尚俊杰老师曾做过一个很有趣的解释。对一位病人而言，如果条件允许的话，他一定愿意到最好的医院找最好的医生看病，对于学生亦然。而事实上，慕课风暴中对高校教师的挑战主要是角色转变的问题。

教学理念中一直倡导：教师是教学的主导，学生是教学的主体。而实际

上，在传统的教学中，满堂灌、填鸭式的教学方式使教师成了教学的主体，而学生只是被动地听讲。慕课则不同，它真正实现了教师的主导地位，发挥了学生的主体作用。在慕课教学中，一门课程的背后都有一个教学团队，有主讲教师，主要负责设计教学、讲授课程，即在慕课的视频中可以见得到的教师，一般由名师、教学能力特别强的教师或该领域的专家担任；有辅导教师，主要负责与学生的互动沟通、作业的批改、答疑等，是慕课学习者提出某些疑问时，与其沟通的人（当然，也有可能是同伴），一般由主讲教师的助教、得意门生或成绩优异的志愿者担任。此外，还有信息发布者、平台维护者、教学设计者、美工等。不同的角色与分工使整个教学变得井然有序、有条不紊。不过，这也需要耗费大量的人力资源和精力。像《信息检索》这门课程，就从全国精心挑选了近二百名助教来负责学生答疑。此外，要真正实现更优的学习效果，还需要教师仔细地对教学的整个过程进行策划、组织。应该怎样将整个教学切割成小单元，使学生既容易掌握又不失对整门课程结构和内容的把握，怎样设计每一单元要讲的内容和练习、需要实现什么样的教学目标等都成为教师要深入思考的问题。教师变成了实现一门课程的策划者和组织者。通过这样的教学授课方式和教学团队的建立与分工，不仅可以从各个环节中提高教学质量，而且可以解决教师没有精力准备教学的问题，为教师做科研留下更多的时间。

要让教师顺利地实现角色转型，首先，要转变教师的教学理念，让教师定位好自身的角色。在传统课堂中，教师完全把自己当成教学的主体。而在慕课中，教师应该把自己的角色定位成教学的策划者与组织者，引导学生学习，让学生由被动变为主动，学习才能真正发生。其次，高校应采取相应的激励机制，鼓励教师积极参与慕课课程。像武汉大学就鼓励教师运用新的信息技术改进教学，以提高教学质量，并为此出台了相应的激励措施办法。

自从班级授课制提出以来，课堂教学这种教学形式就应运而生了。然而，在经年累月的教学实践中，一部分教学一线的教师或教育理论家对课堂教学变革的呼声就一直没有中断过。他们或大胆地实践尝试，或进行建设性的理论探索。在追求变革的过程中，他们提出了诸如"学校消亡论""课堂消亡论"等种种论断。但放眼今日的学校教育，课堂教学仍然是最基本的组织形式。进入21世纪后，信息技术的迅猛发展带来了环境虚拟化、资源网络化、教学个性化、学习自主化、活动协作化等教和学上的种种变化，对教育教学产生了极大的冲击。特别是自2012年慕课这一强劲的教学形式的东风吹来，全新的教育科学技术正在掀起一场学习方式和教育方式变革的热潮，也正在改变几千年来的传统教育模式。慕课创设了这样一个学习空间：它使得泛在学习、知识建构、交流协作可以无缝对接，改变了传统的根深蒂固的单向知识传授的教学方式，推动了知识传授注重交流与评估多向互动的实现，使个体认知转向分布式认知。慕课的基本动力是不断满足学生日益增长的个性化的学习需求，它的基本学习理念是知识生产胜于知识消费。慕课改变了知识传授者与学习者之间的关系，推动了学校教育、课堂教学方式的变革。直面慕课，如果我们的学校和课堂教学方式不改革，就很有可能无法在国内的教育教学行业继续立足，更无法在世界教育教学改革大潮中弄潮。面对慕课提出的种种挑战，我们必须重新审视面对面教学这种课堂教学方式的处境。挑战是严峻的，但同时也孕育着良好的变革机遇，那就是慕课为课堂教学及课堂生态的重建指明了全新的方向。

二、学生的角色转变：发现者、参与者

不仅高校教师的角色需要转变，大学生的角色也需要转变。在传统教学中，学生需要做的只有一件事情，就是听，听老师讲，学习变成了被动的过程。学习兴趣无从谈起，学习能力又谈何提升。在慕课的学习中，学生真正成了学习的主体，发挥了学习主动性，是学习的参与者。学生可以自动调节课程的进度，自行安排学习时间，做到随时随地学习，不用担心因为请假而落下课程，也不用担心教师讲这部分时没听懂或开小差的情况，学生完全可以重新听一遍，并能按照自己记笔记的习惯调节课程的进度。甚至如果学生感觉自己在晚上学习效果好、精力充沛，完全可以在晚上学习，只要有网络和终端设备即可。另外，在传统的教学方式中，当遇到问题时，学生可能会因为不好意思在公共场合讲话而放弃。但在慕课的学习中，学习者可以随时在论坛中发帖子问自己不懂的地方，或者给教师发邮件，也可以通过互动平台和同伴进行交流沟通。学生完全成了学习的主动参与者和发现者。

诚然，在角色转变中，学生也会遇到一些问题和困难。比如，对依靠网络间接与教师沟通互动的学习方式不适应，意志力薄弱，缺乏主动性，沟通与表达技能欠缺等。这也是造成慕课学习者辍学率高的原因。在 Coursera 平台上，注册并学习人工智能课的学生有 16 万之多，而最后完成课程的只有 14%。在 2012 年伊始，注册学习麻省理工学院电路课程的学生有 15.5 万名，其中，完成了第一套练习的仅 2.3 万名，也就是说每 7 千人中约有 5% 的人通过了此门课程。虽然在高校教学中，慕课一般处于辅助教学的地位，但依然需要学生角色的适当转变。因为，慕课与传统教学存在很大差异，如果学生想要在慕课学习中有所收获，首先要从角色转变开始，以便进行学习定位。为了顺利实现角色转变，需要做到以下几点。第一，学生需要突破原有的思维定式，大胆去

尝试，积极去探索。第二，学生需要认识到，学习是一个主动的信息加工过程，任何人都无法替代，只能稍做指导。而积极主动地参与学习，去思考、去发现，才能有所提高。第三，要有持之以恒的精神。学生对刚开始的角色转变会很不适应，甚至会有些痛苦，但慢慢就会发现其价值所在。作为教师，需要帮助学生实现角色转变，一方面要提供及时反馈和适当的鼓励；另一方面，要适当给学生压力，有压力才有动力。经常可以听到学生说："当老师催我交作业时，作业就写得很快。当教师管得不严时，就会懈怠，作业总是要等到最后一天实在拖不下去的时候才做。"因此，适当给出作业期限和截止时间是有助于学习的。在慕课平台中，经常会看到每一个模块后面会有相应的作业和作业提交时间，这其实也是在适当给学生压力和动力。

第二节　慕课对高校本科教学资源的挑战

一、教学资源概述

"资源"是什么？《辞海》对"资源"的解释是："资财的来源，一般指天然的财源。"联合国环境规划署对"资源"的定义是："所谓资源，特别是自然资源，是指在一定时期、地点条件下能够产生经济价值，以提高人类当前和将来福利的自然因素和条件。"上述两种定义只限于对自然资源的解释。马克思在《资本论》中说："劳动和土地，是财富两个原始的形成要素。"恩格斯说："其实，劳动和自然界在一起才是一切财富的源泉，自然界为劳动提供材料，劳动把材料转变为财富。"马克思、恩格斯的定义，既指出了自然资源的客观存在，又把人（包括劳动力和技术）的因素视为财富的另一个不可或缺的来源。可见，资源的来源及组成，不仅有自然资源，而且还包括人类劳动的社会、经济、技术等因素，以及人力、人才、智力（信息、知识）等资源。据此，所谓资源是指一切可被人类开发和利用的物质、能量和信息的总称，它广泛地存在于自然界和人类社会中，是一种自然存在物或能够给人类带来财富的财富。或者说，资源就是指自然界和人类社会中一种可以用以创造物质财富和精神财富的具有一定量的积累的客观存在形态，如土地资源、矿产资源、森林资源、海洋资源、石油资源、人力资源、信息资源、教育资源等。

由此可知，教育资源是指教育活动中存在的"人、财、物、时、信"的总称。"人"包括教师、学生、行政管理人员、后勤服务人员等；"财"即各种教育经费；"物"包括教育设施和教育设备两大类；"时"即时间；"信"即与教育有关的各种信息。教学资源是教育资源的一个组成部分，有广义和狭义两种理解。广义的教学资源是指在教学活动和学习活动中进行服务的各种人和物，包括非生命的实物和信息，也包括具有能动性的有生命的人力资源，如教师的语言、动作表情、电视等。狭义的教学资源是指在教与学的过程中所使用的各种硬件媒体以及承载信息的各种软件媒体，如图书、投影仪、视频展台、VCD、录像机、教学挂图、教学模型，以及网络上的各种文本、图像、音频、视频、动画等。从抽象层次上看，教学资源也可以定义为：经过数字化方式处理或者经过再加工和制作的、可以在计算机网络上运行的、能够展现相关知识节点内容的教学材料，它能激发学生通过自主、合作、创造的方式来寻找和处理信息，从而促进网络教学活动的开展。

二、信息化教学与传统教学的资源差异

教学资源是支持整个教学过程达到一定教学目的，实现一定教学功能的各种资源的总和，是教学系统中的一切物化资源和非物化资源，主要包括教学资料、支持系统、教学环境等。其中，传统教学资源与信息化教学资源的差异见表3-1。

表3-1 传统教学资源与信息化教学资源的差异

项目	教学资源	
	传统教学资源	信息化教学资源
教学环境	以教室为主，以课堂教学为主要教学形式	以信息技术的应用为特征，具有多样化的教学环境和教学形式
支持系统	教师和同伴以及工具书对学习者学习的指导与帮助	现代媒体和学习工具对教与学过程的参与，网络信息对学习内容的补充
教学材料	书本、教科书、挂图、教学器具、课件、教学电视等	数字化素材、教学软件、补充材料等

教学环境不只是指教学过程发生的地点，更重要的是指学习者与教学材料、支持系统之间在交流的过程中所形成的氛围。传统的教学环境以教室为主，以课堂教学为主要的教学形式。信息化教学环境以信息技术的应用为特征，包括校园网、多媒体教室、电子网络教室、电子阅览室、语音实验室、网

络教学平台等，教师可以利用多样化的教学环境开展课堂教学，组织学生协作学习、探究学习，指导学生自主学习。

支持系统主要指支持教师有效开展教学活动以及学习者有效学习的内外部条件，包括学习能量的支持、设备的支持、信息的支持、人员的支持等。传统的支持系统主要是指教师和同伴对学习者学习的指导与帮助，以及工具书对学习者学习的帮助等。信息化教学资源的支持系统主要指现代媒体和学习工具对教与学过程的参与，以及海量的网络信息对学习内容的补充等。

教学材料蕴含大量的教育信息，是能创造出一定教育价值的各类信息资源。传统教学材料包括书本、教科书、挂图、教学器具、课件、教学电视等。信息化教学材料指的是以数字形态存在的教学材料，包括学生和教师在学习与教学过程中所需要的各种数字化的素材、教学软件、补充材料等，具体形式有：文本、图形/图像、音频、视频等素材类教学资源，虚拟实验室、教育游戏类、电子期刊类、教学模拟类、教育专题网站等集成型教学资源以及网络课程。

三、教学资源的发展趋势

（一）多元化

在传统的学习范式下，学习是在封闭的"象牙塔"中进行的，教材中的学习内容被视为权威，教学的范围不会超越教材，评估的内容也只是书本上的知识与技能。因而，学生学习的目的只能是"学教材"，其他学习资源只是对教材内容的解释、补充与说明。支持学生"学教材"的挂图、教学软件如此，帮助学生"学教材"的教师也是如此。而在信息化学习范式下，学习超越了单一的知识观，教材知识的学习不再是学生知识获得的唯一有效途径。学习资源很多，除教材以外的其他渠道获得的深刻体验，都有助于学生深入地、有目的地学习和探究重要的观点及本质的问题。学生要"利用教材学"而不再是"学教材"，信息技术的发展与普及以及多种新的学习方法将使学习资源更趋多元。

（二）信息化

所谓信息化学习资源，是指经过数字化处理，可以在计算机或网络环境下运行的、为学生学习提供支持的多媒体材料或教学/学习系统。信息化学习资源的数字化、网络化和多媒体化，极大地提高了知识获取、选择与创新的效率。在信息化环境中，学习资源的广度和深度与非信息化环境下的学习资源是不能同日而语的。数字化图书馆、电子阅览室、网上报刊和数据库、多媒体电子书等信息化资源为学生提供获取知识的快捷手段；虚拟实验室、微世界、教学游戏、情境认知等信息化资源又给学生提供了足不出户的实践与体验机会；信息化的认知、效能工具帮助学生提高学习效率，发展批判性、创造性和综合性思维能力；而信息化的通信工具则帮助学生不受时间与空间的限制，与世界各地的人们交流。

（三）主题化

学习资源的功能主要体现在为学习活动过程提供全面的支持。随着教学设计的主题单元化趋向，学习资源的组织也需要体现为相应的主题化趋向，以便为整个学习过程提供从知识呈现到情境构建的全方位支持。

实际上，主题学习单元是围绕主题及其问题的一系列学习活动的集合，以主题、问题、活动组织学习资源，使这些资源与学习活动绑定，而且能够为主题单元的学习提供从知识背景、学习情境、探究学习活动过程、合作交流、学习支架、反思总结等各方面的全程支持。

四、慕课的出现对高校本科教学资源的挑战

要想了解慕课对高校本科教学资源的挑战与变革，首先要知道什么是教学资源。根据前述定义，应从人力资源和非人力资源两个方面分析慕课的教学资源。在人力资源上，慕课主要有名校名师和几十名甚至上百名负责任的助教、热心的平台咨询专家等；在非人力资源上，慕课有优质的音视频、教学讲义、PPT、人性化的教学平台和交流平台等。这些层面无不透露出教学资源的优质化：教师是名师，设备是一流的，平台又做得很精细，可以实时记录学生的学习路径和学习习惯，以便于后期对教学内容和相关环节进行调整。当然，这些优质化主要源于其教学团队及其合理的分工。将问题细化便于各个击破，教学也是如此。当教学的各个环节都达到最好时，必然会提高教学质量。

在传统的高校本科教学中，教学资源一般有：教材、PPT 课件、粉笔、黑板、多媒体计算机以及普通任课教师。条件好的高校会有视频录播系统，对整个课程进行录制，便于后期改进教学，如微格教室等。而条件较差的高校的教学资源，只有黑板、粉笔、教师及其头脑中的思想。对于教学内容的安排，传统的高校本科会出现更新不及时和多年反复使用等情况。可见，面对慕课，传

统的教学资源无论是在量上，还是质上都相差千里。当然，这也和高校的运行机制有关。高校的非人力资源大多源于国家有限的经费和拨款，所以对于硬件设备的添置与更新绝非易事。从人力资源来看，高校教学的所有工作都是由教师一人去做，同时，教师还要做科研，难免力不从心。再者，高校教学中，教师彼此间的交流沟通也不够，而多与其他教师交流本身就是提升教学效果的一个过程。

面对慕课优质的教育资源对高校本科教学的冲击，必须做出适当的变革。第一，教师可以利用慕课上的优质资源来辅助自己的教学。具体来说，就是可以让学生课下看慕课上已有的相关课程视频、讲义等资源，课堂上与同学交流沟通，鼓励学生发言，并适时给予评价，即进行一次简单的翻转教学。这样不仅解决了教学资源的质量问题，而且节省了教师的备课时间，增加了师生的交流与互动。第二，高校可以组建一个教学团队，建设具有本校特色的慕课。这样做的优点是可以更有针对性，满足本校师生的需求，便于因材施教。不过，采用这种方式需要耗费较多的财力，为此可以与其他高校合作。这样不仅可以解决资金问题，而且有利于高校之间教学资源的共享。

第三节　慕课对高校本科教学方式的挑战

一、传统的教学方式

古今中外的教学方法五花八门，名目繁多，对教学方法的分类也是众说纷纭、莫衷一是。因此，有必要将其做以分类，以便更好地分析、认识它们，掌握它们各自的特点、作用的范围和条件，以及它们发展运动的规律。其实，教学方法的分类就是把多种多样的各种教学方法，按照一定的规则或标准，将它们归属为一个有内在联系的体系。

（一）不同学者对教学方法的分类

巴班斯基依据对人活动的认识，认为教学活动包括了这样的三种成分，即知识信息活动的组织、个人活动的调整和活动过程的随机检查。他把教学方法划分为三大类：第一大类，组织和自我组织学习认识活动的方法；第二大类，激发学习和形成学习动机的方法；第三大类，检查和自我检查教学效果的方法。威斯顿和格兰顿依据教师与学生交流的媒介和手段，把教学方法分为四大类：教师中心的方法，主要包括讲授、提问、论证等方法；相互作用的方法，包括全班讨论、小组讨论、同伴教学、小组设计等方法；个体化的方法，如程序教学、单元教学、独立设计、计算机教学等；实践的方法，包括现场和临床教学、实验室学习、角色扮演、模拟和游戏、练习等方法。

（二）我国常用的教学方法分类

目前，我国常以学生认识活动的不同形态为标准，将教学方法分为以下三种。①以语言传递为主，获得间接经验的教学方法，如讲授法、谈话法、讨论法、读书指导法等；通过直观演示，获得直接经验的教学方法，如演示法、参观法、现场教学法等。②以实际训练形式，形成技能技巧的教学方法，如练习法、实习法、实验法等。③以欣赏活动为主，获得情感态度技能的教学方法，如情境陶冶法。这些教学方法之所以经常被采用，主要是因为它们都有极其重要的使用价值，对提高教学质量具有特定的功效。但任何教学方法都不是万能的，它需要教师切实把握各种常用教学方法的特点、作用、适用范围和条件，以及应注意的问题等，使其在教学实践中有效地发挥作用。

二、以信息技术为基础的教学方式

从不同的性质特点出发，可把信息化教学方法分成不同的种类。分类的目的在于明确各种信息化教学方法的概念、特点，以便能够正确选择运用。

（一）从学科性质分类

按照学科性质的不同，信息化教学方法可分为语文信息化教学法、数学信息化教学法、物理信息化教学法、化学信息化教学法、地理信息化教学法等。学科信息化教学方法是研究信息化教学媒体在不同学科中的运用方法，主要是研究信息化教学媒体对不同学科内容的表现方法。

（二）从媒体种类分类

信息化教学媒体丰富多样，各种不同的媒体在教学中有不同的使用方法。据此，信息化教学方法可分为幻灯投影教学法、广播录音教学法、电视教学法、电影教学法、计算机辅助教学法、语言实验室教学法等。以不同媒体划分信息化教学方法的实质是研究各种不同的媒体在教学中的具体运用，包括运用的原则、环境要求、具体方法等。

（三）依据教学内容来分类

依据教学内容，信息化教学方法主要有以传授知识为主要目标的播放教学法和程序教学法、以训练学生技能为主要目标的微型教学法、以检查学生学习成绩为主要目标的成绩考查法。

三、慕课出现对高校本科教学方式的挑战

（一）慕课平台的创新之处

1. 知识点与短视频

与网络课程和公开课只是简单地把老师上课的内容录下来放到网上去不一样，慕课会根据最新的教育研究成果，把一个课的内容分解成若干个知识点，每节课程都保持在 10 到 15 分钟。一系列的研究表明，最适合学习者集中注意力的视频长度一般不超过 15 分钟。

2. 随堂考试，游戏化过关

与传统网络课程不同的另一个特点是，慕课借鉴了游戏化学习方式，采用了游戏中的"即时奖励"策略。即每个学习知识点均搭配随堂考试，每学完一个知识点，课程便自动跳出知识点测试，只有测试合格，才能继续上下一堂课，从而激发学生的学习斗志。

3. 互评自评

慕课动辄几万人、十几万人选一门课，大量的作业和期中考试、期末考试，如果不采取策略，将给教师带来巨大的负担。在慕课平台，对于简单的随堂测验，机器可直接判分；对于问答类的考试，学生可自评互评。教师只需制定详细的评分标准，学生便可按照教师的标准进行相互评分，并采用随机分配和合理的分数确定规则，来保障自评互评的公平性。

4. 大规模用户的远程互助

尽管慕课平台以个人学习为主，但通过课程在线讨论的方式，即可把分布于世界各地的学习者联系起来，形成远程的讨论模式。在慕课课程中，助教、班长、组长等课程参与者，会以每天或每周研讨话题这样的形式，把学习者联系起来，让他们发挥互帮互助的作用，克服在网上学习的孤独感，从而解决学生的知识点答疑。

5. 学习跟踪与学习分析

慕课平台的学习跟踪机制可以对学生登录课程的时间、学习知识点的时

间、观看视频的时间进行记录跟踪，并对学生的知识点测试情况进行统计，包括学生的作业完成情况、单元测试情况、论坛讨论参与情况和期末考试情况等。通过学习数据分析，可以得出学生的强项和弱点、学生需要查漏补缺的知识内容，给出学生学习的过程性评价，定期向教师发送分析报告，从而为改进师生的教学和学习方式提供参考。

（二）慕课对教学方式的挑战

慕课的出现对传统高校本科教学最大的挑战就是教学方式的变革。在传统的高校本科教学中，学生与教师是面对面的、零距离接触，是班级授课制。而慕课教学是人机互动，师生在时空上是相对分离的。这与之前的精品课程、远程教育都有相似之处，但不同的是，慕课是一个完整的教学设计，从教学目标，到教学内容，到作业，到期末考试及证书的颁发和学分的获得（目前已有部分高校进行学分互认），是一个完整的教与学的过程。加之信息时代的真正到来，网络和智能终端的普及，使得慕课在恰当的时机做了恰当的事，因此对目前的教学方式提出巨大挑战。

在目前高校本科教学中，学生必须在学校里，按照一定的时间去一定的地点（教室）学习，如果偶尔中间走神没听清教师所讲的内容，只好作罢，学习成为一种被动形式。而在慕课学习中，学习完全是主动的。学生可以做到随时随地、自定步调的学习，不用到教室里去，也不用按照固定的时间学习。学习可以发生在任何地方，在宿舍、在咖啡厅、在饭店、在公交车上遇到问题时，都可以在平台或者讨论区里发言提问。一切变得自由自在，学习似乎很简单，时间也被合理利用。这种学习方式更适合从小就在信息环境下成长的 90 后、00 后学生。但这种方式也会面临一些问题，如慕课对于自主学习能力强的学生更为适合，而对于那些自制力差的学生，学习很难发生。另外，慕课不可能取代传统面对面的教学方式，有些东西是网络无法实现的，如教师在对学生育人方面的教导上，以及校园文化对学生的熏陶上。

面对慕课对教学方式的挑战与变革，高校本科教学应该取其优势，避其劣势。具体而言如下：第一，借助于慕课，开展翻转课堂教学法。慕课的出现和目前较为热门的翻转课堂是完美的结合，两者的配合可以互为补充，相得益彰。慕课拥有优质的教育资源，而翻转课堂教学法可以促进师生的充分互动与交流，调动学生学习的积极主动性，其教师的人格魅力和校园的文化氛围也就会自然而然地融入学习，从而弥补慕课在育人方面的缺失。为此，教师可以让学生在课下学习慕课上的相关课程，在课上与同学讨论交流学习中的问题和难点。第二，采取适当的激励机制或强制措施，帮助学生完成慕课学习，坚持到最后。对于那些公共基础课或是通识课程，一般高校会采取完全依靠慕课进行学习的方式。这就需要学生具有较强的毅力，克服以前被动学习和拖延症的习惯，学会合理安排时间，以按时完成任务。对于高校，一方面可以采取强制措施，给学生适当压力，如只有通过了慕课上的课程学习才能毕业；另一方面，可以对那些积极完成慕课课程的学生提出表扬，并给予适当奖励。

第四节　慕课对高校本科教学评价的挑战

一、教学评价的内涵

现阶段，教学评价属于教学活动中不可缺少的组成部分。具体来说，教学评价首先是一种专业化的价值判断活动，主要是对客体符合主体需要程度情况的合理化判断。把评价用在教学过程中，则产生以及发展出了教育以及教学评价。所谓的教育评价，即对教育活动可以满足社会需要以及个体需要的具体程度做出详细判断的活动，以及对相应的教育活动存在的现实性价值或者是潜在性价值做出科学化判断，从而实现教育价值增值目的的过程。教学评价主要包括学生评价、课程评价、教师评价、学校评价、教学评价、教育机构评价、教育内容评价、教育目的评价、教育教学管理制度评价、教育教学方法评价以及教育教学管理评价等。

从教学评价的发展历程看，在 20 世纪 20 年代，英国著名教育家泰勒就系统地提出了"教育评价"的概念，这是最早的关于教学评价研究的理论。泰勒说："教育评价过程实质上是一个确定课程与教学计划实际上达到教育目标程度的过程。"自此以后，教育评价研究成为西方教育理论研究的一个重要领域。而后，克龙巴赫把教育评价广义地定义为："为做出关于教育方案的决策，收集和使用信息。"他认为，评价的重点应该放在教育过程之中，对教育决策给予必要的改进，而不是只关心教育过程结束之后目标到达的程度。这种定义改变了泰勒仅以目标作为教育评价的出发点和最终归宿的偏颇，提示人们要注意到评价的全部作用。他的观点在教育评价界产生了广泛的影响。斯塔弗尔比姆将教育评价定义为"为决策提供有用信息的过程"，并于 1985 年进一步提出："评价是一种划定、获取和提供叙述性和判断性信息的过程。这些信息涉及研究对象的目标、设计、实施和影响的价值及优缺点，以便指导如何决策，满足教学效能核定的需要，并增加对研究对象的了解。"与之相对应的，斯塔弗尔比姆提出了 CIPP 模式，这种模式把教育评价看作一种工具，对教育活动的背景，信息的输入、活动过程及结果给予全面的评价，使方案更有效地为方案使用者服务。1975 年，比贝把教育评价定义为："系统地收集信息和解释证据的过程，在此基础上判断价值，目的在于行动。"这里，比贝首次提出了教育评价的本质，即价值判断。斯塔克在肯定了比贝评价是一种价值判断观点的基础上，提出了应答评价模式。他提出："如果教育评价更直接地指向方案的活动而非方案的内容，如果它能满足评价听取人对信息的需求，或者在反映方案得失长短的评价报告中更能反映人们不同的价值观念，那么，这种评价即可称为'应答评价'。"要使评价结果能真正产生效用，评价人必须关心这一活动所有参与者的需要，即通过信息反馈，使活动结果能满足各种人的需要。20 世纪 80 年代，古巴和林肯等人创立的"第四代教育评价理论"认为，评价就是对被评事物赋予价值。他们强调"价值多元性"，提倡在评价中充分听取不同方面的意见，并把评价看作一个由评价者不断参与并协调各种价值标准间的分歧、缩短不同意见间的距离、最后形成公认的一致看法的过程。而美国"新教育运动"主张教学成果的评价不只是测量记忆性的知识，而且要顾及学生智力的、社会的、情绪的、身体的各个方面。在现代社会，教学的成果不单是指人的博学，更应该强调包括态度、能力、情趣、理想、习惯和社会适应等在内的各种"行为变化"。相应地，教学评价不是为了选拔而是为了发展。由于师生之间教学活动的展开还依赖教学内容、方法和手段等媒介，教学评价的对象便扩大到教学系统中的各个要素。而教学系统的活动又与课程、教育计划、教育条件等有关，于是，评价对象以教学系统为主体，范围不断扩大到整个学校教育系统，进而扩展到更宏观的国家教育系统，甚至包括与教学活动相关的各个领域。教育评价正是通过教学评价的不断衍化而丰富发展起来的。

二、传统教学评价的结构

（一）评价的目的

从根本上说，进行教学评价有五个主要的目的：①诊断并改进教学；②帮助学生选择课程和制订学习计划；③帮助做出关于教师的行政决定；④向有关各方（如上一级学校、社会和家长）提供关于学生学习情况的信息。⑤为教育和教学研究本身提供资料。

一般来说，教学评价的所有目的都可以归结于这五条之下。例如，教学评价还可能用于教师个人的提高，用于因材施教、修订课程和课程计划，但它们都没有超出以上的目的范围。

确定教学评价的目的是很重要的，因为决定评价对象和评价者，选择评价类型和手段等，都要依赖于教学评价的目的。

（二）评价的内容

教学评价应该以什么为内容，要受到对教学本身的看法的制约。教学评价只能选择教学活动的一个或多个方面为对象，要做到绝对"全面"的评价是很困难的。因为人们不可能穷尽教学活动包括或涉及的各方面，以及影响教学过程的所有因素。所谓"综合""全面"的评价只能是相对而言。一般来说，教学评价的内容主要包括三大方面。

1. 教学的学术基础

教学的学术基础包括对教学目标及内容的选择，教材的安排和组织，教师对教学内容的理解、组织等。

2. 教学内容的呈现

教学内容的呈现包括教师的言语表达，提问和板书的技巧，对讨论的引导；师生间的关系，教师组织课堂情境、激发学生动机和吸引学生注意的情况等。

3. 教学对学生和教师的影响

教学对学生和教师的影响即学生和教师通过教学达到的目标。包括取得的成就和发展，态度的确定或改变，教学对社会的、职业的或个人发展的贡献，以及其他偶然取得的结果。

（三）评价的信息源

为了得到上述方面的信息，必须通过教学过程中有关对具体的人表现的测验、评定或调查，也就是说，必须要找到并确定提供教学过程信息的源头。教学评价信息的主要来源无疑是教学过程的参与者和那些有机会观察教学过程、教材或教学结果的人。这包括任课教师现在和不久以前的学生、其他教师（同事），还有学生家长、学校领导、各级教师进修院校的教师、教学或教学评价的专门人员（如各级教研室和教科所的有关人员）、有关教育行政的领导，以及其他任何曾有机会参与或观察过教学的某些方面的人。这些人可能直接（如听课）或间接（如通过录像）观察过教学的过程；或者以某种被人们知道或不知道的方式考察过教材和教学结果（如教学大纲、课本、考试题、考试成绩、各种教学统计表）。

(四) 评价的手段

教学评价的信息通过什么途径收集和传播？这就是教学评价的手段问题。可以收集教学评价信息的途径方式多种多样，也包括一些杂乱无章的信息传递方式，如偶尔听到学生对教师的赞扬或抱怨，在走过教室时无意中观察片刻的教学等，但比较可靠的收集信息的手段主要包括动态和静态两种方式。

1. 动态方式

动态方式主要指通过有组织和有系统地与教师、学生或其他一些教学过程的参与者、观察者（信息源）的直接接触，收集资料，以对教学进行评价的各种方式。主要包括：①谈话或各种形式的座谈、交谈等；②以问卷的方式，直接收集对教学总体或某方面的评价信息；③口试，面对面地了解教学结果或教学过程；④调查，包括各种访问和填写调查表格等；⑤听课，直接深入课堂、了解教学情况，收集信息。

2. 静态方式

静态方式主要指通过测验来收集信息，进行评价的各种方式。这些方式可以归为两大类。一类是由专门机构和人员组织的标准测验或各类专门评定量表；另一类是由教师自己编制的各种类型的测验，包括论文式测验、各种客观测验（如填空、选择题等）和日常评定等。

三、慕课对高校本科教学评价的挑战

慕课对高校传统教学的挑战还体现在教学评价上。慕课特别注重评价环节，尤其表现在计算机不能简单地用对错进行判定的主观类题和人文社科类学科上，慕课采取的评价方式是多元的。这些学科最终的成绩包括平时作业、最终考试的成绩、讨论成绩、同伴互评成绩和教师对学生的评价等。在平时作业上，几乎每一个模块结束后都有作业，并且会写明作业的提交时间，有的模块布置的作业还包括讨论部分；在期末考试上，有的是一套需要在线做的卷子，有的是提交作品，如在清华大学开设的学堂在线里面的一门课程——《文物精品与中国文化（上）》，其最终作业是让学生以"我家的一件文物"为题做个PPT；在讨论和同伴互评上，如爱课程网上的"中国大学慕课"中有一门汪琼老师开设的《翻转课堂教学法》课程，每一讲后面都会有课程讨论，且占总成绩的20%，此外，在平时作业中，还要求同伴进行互评，互评数最少为9个。

此外，慕课学习者数量较大，通过慕课的在线学习平台可以获得大数据，如学生的登录时间、讨论区发表的内容和参与度、观看视频的时间、作业完成情况和考试成绩、索引路径等。通过学习分析技术对这些大数据进行挖掘和处理，可以总结学习者的学习风格、学习态度以及在线学习行为，从而发现规律，找出教学及管理的不足之处，以便于后期改进教学，提出有针对性的决策，做出更适宜学习者的教学模块和流程。此外，通过这种量化方式，用数据说话，可以极大地增强教学评价的科学性和说服力。

　　总之，慕课从根本上体现了教学评价主体的多元化和评价形式的多样化，这对于传统的高校本科教学来说是很难做到的。在此方面，传统高校本科教学需要做如下变革：第一，在教学时，可以增加学生互评的机会，并将其作为最终成绩的一部分。因为同学之间的了解和教师对学生的认识是有差别的，通过这种方式可以更加全面地对学生做出客观评价。第二，如果本校有条件开展慕课课程，可以让学生通过慕课平台进行学习，然后让教师通过学生的在线学习情况获得数据，通过采用数据分析技术对自己的教学情况和学生的学习情况进行评价，以增加评价的准确性，进而为下次更好地教学提供指导。

第四章　信息化背景下本科课堂教学的改革

信息技术与课堂教学的整合是提高教学效率的有效途径，是教学资源与教学要素有机结合的方式。基于信息化背景，如何实现本科课堂教学改革是本章研究的重点。本章分为本科课堂教学相关要素，国外发达国家本科课堂教学的比较，信息技术与本科教学课程的整合分析三个部分，主要内容包括本科课堂教学中的教师、学生、师生互动、教学内容、教学方法、教学反馈相关要素，中美、中英高校本科课堂教学的比较及对我国的启示，信息技术与课程整合概述，信息技术与高校本科教学课程中的学导结合、远程合作整合分析等内容。

第一节　本科课堂教学相关要素

一、本科课堂教学的掌舵人——教师

从教师的角度出发，越来越多的人发现，仅仅掌握零碎的教学技能难以从整体上把握教学的有效性，必须将具体的方法、技巧上升为策略。多伊尔（Doyle）的研究表明，成功的教师善于运用一系列的教学策略，而不是仅仅使用一种固定的教学方法。谢明认为，影响高校教学质量的首要因素是教师的素质和水平，而教师的素质和水平完整地渗透于所有的教学活动中。进一步提高教学质量的重要环节就在于改进传统教学模式。高校教师在改进传统教学模式中的有效行为有：引进开放型教学模式，倡导教学中的各种对象、各种方式的交流行为；选择运用多种教学形式；对学生的学习行为建立及时具体的反馈评价机制。滕明兰认为，大学教师创造性人格魅力缺乏是影响大学生课堂沉默的条件性因素；大学教师在教学过程中对学生"生命全域"关注不足是影响大学生课堂沉默的观念性因素；大学教师疏于教学艺术研究是影响大学生课堂沉默的技术性因素；大学师生关系疏离是影响大学生课堂沉默的人际因素。

高校教师一般同时肩负着教学和科研任务。与中小学教师相比，高校教师具有中小学教师的共性，但也有其独特性。独特性主要体现在高校教师具有自主性强、成就动机高、创新意识强、流动性大等特征。这里最能体现高校教师特征的是高成就动机。他们在高校工作，努力实现自我价值，除了经济效益外，更多的是通过自己的能力成就事业上的追求，得到高校、社会的承认和尊重。他们尊重知识、相信科学、追求真理，所以传统的职位权威往往对他们没有绝对的控制权和约束力。

在本科课堂教学中，教师不仅要对学生进行科学文化知识教学，还要在教学的过程中引导学生积极思考，锻炼学生发现问题、分析问题、解决问题的能力。同时，大学教师在课堂教学中要把控课堂教学的进程，营造积极向上的课堂教学氛围，吸引学生的注意力，让学生积极投入课堂教学。这一切都需要教师具有扎实的学科知识、丰富的教学经验与独特教学艺术，这样才能真正成为课堂教学的掌舵人。

二、本科课堂教学的主人——学生

王爱平和车宏生对 122 名本科生进行了调查，结果发现：第一，学习焦虑、学习态度、投入动机与考试成绩之间有显著关系，其中学习焦虑与成绩呈负相关，学习态度、投入动机与成绩呈正相关；第二，学习成绩受到学习焦虑和投入动机的直接影响，以及学习态度等因素的间接影响。王娟娟和李华通过参与由清华大学教育研究院带领组织的 NSSE（National Survey of Student Engagement）-China，即"中国大学生学习性投入调查"，发现大学生课堂学习行为是影响本科教学效果的重要因素之一。以五所"985"高校学生课堂学习行为为样本，以"课堂提问或参与讨论""课堂上做口头报告""课堂上和同学进行讨论与合作"为比较指标，与美国顶尖研究型大学生课堂学习行为相比较，可以发现它们之间存在显著差距与不足。其中，差距最大的是"课堂提问或参与讨论"，差距最小的是"课堂上和同学进行讨论与合作"。徐晓波在对217 名本科生进行的调查中发现，影响课堂教学效果的途径与方法中，"开展课堂小组活动""多媒体课件内容""学生自己课堂上的自由阅读""学生当'老师'教学法"四种途径对学生的影响很大。耿小娟在对 200 名本科生进行的调查中发现，学生性别、高中阶段文理科别、学习兴趣、先修课程掌握程度、教学内容、课件与板书的质量及其配合程度等对学生学习效果存在显著影响。

绝大多数本科学生是年龄在 20 岁左右的身心成熟的青年，经过小学、初中、高中等多年的知识经验积累，具备一定的文化知识和社会经验。同时，经过校园文化的熏陶，他们已具备相应的理论知识，对各种事物的态度也开始有了自己的评判标准，已经初步形成了自己的世界观、人生观和价值观，具体表现在以下几个方面。

①思想方面。作为一个成熟的个体，本科学生已经具有辩证思维，对待问题不再单单有情绪色彩，而是能够从客观和主观两个方面进行评价，同时也具有很大的波动性。

②学习方面。相比于中学时代，步入大学的学生更具有独立性和主动性，不会再依赖于教师的传统说教，在学习过程中，会利用多种途径获取相关知识，如求助老师、查阅资料、去图书馆等。

③业余时间。为了进一步促进自身的全面发展，很多学生会积极地参加学校组织的各种活动和社团活动。

④除此之外，本科学生对于存在的疑惑点，会主动地找老师交流，表达自己的想法，努力解决问题。

总而言之，本科学生相比于中学时期在各方面都已经有了质的飞跃。他们学习上具有积极性和主体性，心理上具有成熟性、独立性以及活跃性，他们是课堂教学的主体，教师应该根据学生的特点、需求安排教学，满足学生的需求。

三、本科课堂教学的效果——师生互动

师生互动是一种特殊的人际互动，是指在师生之间发生的各种形式、性质和各种程度的相互作用和影响。现代教学论指出，教学过程的实质就是教师和学习者直接或间接地互动，从而走向共同发展的过程。师生互动，有课堂教学过程中的师生互动和课堂外的师生互动之分，这里我们所讨论的课堂师生互动专指课堂教学中教师与学习者之间的交互作用。课堂教学过程中师生之间的互动关系构成了课堂教学的主要过程，同时，它也是影响教学效果的重要因素。

英国学者阿什利（B. J. Ashley）等人根据社会学家帕森斯（T. Parsons）的社会体系的观点，把师生课堂行为分为教师中心式、学生中心式和知识中心式三种。利比特和怀特（R. Lippitt & R. K. White）等人将课堂师生互动分为教师命令式、师生协商式和师生互不干涉式三种类型。

我国学者张大均将课堂师生互动分为合作型师生互动、对抗型师生互动、合作—对抗型师生互动三种。吴康宁等人也按教师行为对象划分了三种师生互动类型。

①师个互动，即教师与学习者个体的互动。它直接表现为师生之间的问答

（更多的是教师问，学生答）；教师提要求，学生回应；学生做出反应，教师进行评价等。

②师组互动，即教师与学习者小组之间的互动。它是教师针对学习者小组而进行的参与、指导与评价等。它直接表现为教师询问学习者小组的进展情况；参与学习者小组活动；指导并评价学习者小组的表现等。

③师班互动，即教师与全班学习者群体的交互作用。它通常表现为教师面向全体的班级教学，如集体授课、统一要求、集中评价等。

四、本科课堂教学的桥梁——教学内容

首先，高校作为传授高深学问的场所，课堂教学担负着传授学科基础知识的主要任务。因此，专业知识与专业技能在教学内容中所占比例较大，程度也不断加深，表现在教学内容深度、广度和复杂度上，更重要的是教学内容要能够反映学科领域最新的成果和动态。

其次，作为一种专门化的教育，本科大学生毕业后大部分会直接进入相关的专业领域从事实际工作。为此，本科课堂教学的内容要紧密联系社会与企业行业的需要，不断进行调整与更新，教学内容的传授过程也要更加注重理论与实践的结合。

最后，大学阶段学生的认知水平、思维结构都有相应的提高，传统的注重讲授的"满堂灌"课堂教学方法模式应有所改变。这就需要教师根据教学内容和学生特点综合运用各种教学方法，通过讨论法、演示法、现场实践等方法引导学生积极学习与思考，充分发挥教师在课堂教学中应有的作用。

五、本科课堂教学效率的提高——教学方法

教学方法是教师在一定的理论指导下，为了实现特定的教学目的，在教学过程中所运用的教学策略和方法，最终实现教学目标的一种教学模式。从这个方面来看，教学方法主要包括两个方面内容：教学策略和教学目标。教学策略是为了更好地实现教学目标，它贯穿于整个教学过程；教学目标是教学策略实施的主要目的；教学策略和教学目标两者相辅相成。因此，如果缺少相应的教学方法，教学效率也不会得到有效的提高。在当前的课堂教学过程中，我们经常的运用的方法主要有：分组讨论法、观察法、案例法等。因此，在进行相关的教学时，我们应该对症下药，选择合适的教学方法，最终提高课堂教学效果。

六、本科课堂教学的有效途径——教学反馈

课堂教学是师生之间进行交流互动、信息传递的交互活动，而不是教师单方面的讲授，教学反馈正是教师检验信息传递有效性的重要途径之一。一般教学反馈包括当堂反馈和课后反馈两种形式。所谓当堂反馈，就是在课堂教学过程中，教师通过观察学生的反应和表现，发现自己教学中存在的问题与不足，不断调整自己的教学方法，改进课堂教学方式，教师根据学生在课堂中的表现，及时调整自己的教学方式方法。课后反馈是指教师通过学生的课堂表现、作业以及考试等发现的问题，对自己课堂教学进行反思和调整。教学反馈有助于教师发现自己课堂教学中的问题，对课堂教学过程的完善和调整、课堂教学质量的提高都具有重要作用。

第二节　国外高校课堂教学的启示

一、美国高校课堂教学

美国是世界上高等教育较发达的国家，在教学规范管理、教学方法创新等方面起步较早，在创新型人才培养质量方面世界公认。高质量的人才培养质量一定与高质量的课堂教学密不可分，充分学习、分析、比较和借鉴美国高校课堂教学好的做法，对我国高等院校的课堂教学转型与发展来说意义重大。

（一）课堂教学理念

美国高校课堂教学在教学开始前，会先以课程规划和指南的形式告知学生本课程的课程规划，引导学生根据教师在课堂上提纲挈领的引读自学，独立思考问题、分析问题和解决问题，积极参与课堂的互动，在完成学生知识体系构建的基础上，课堂教学旨在实现学生各种能力的培养，因此，课堂教学强调的是"能力本位"。

（二）课堂教学方法

在美国高校本科教学中，课堂管理相对来说比较轻松，并不指定具体教材，所有教材均为教学参考书目。考核的方式也是多种多样的，通常是通过多次测验、多次论文和多次课堂参与来评定成绩，笔试试卷并不规定标准答案，

由学生根据自己理解自由作答，更注重学生能力和创造性的发挥。

美国本科教学中，教师扮演的不是主角，而是导演的角色，他们不再照本宣科地给学生灌输知识，而是注重多种方式的教学，如问题教学法、案例教学法等。教师会把整个课堂当作学生展示才能和观点的舞台，指导学生提出问题、分析问题、寻找假设、进行实验，最后成功解决问题。美国教学方法的功能更注重学生的主体作用，注重学生创造力的发挥。

在美国高校课堂教学中，教师也非常注意利用不同的方法和新的技术启发学生的积极性，把教学看作师生合作的事业，鼓励学生提出意见和在教学中做出贡献，使得课堂教学生动活泼。另外，美国教学方法的运用上，比较注重学生独立自主的学习，由学生自己制定和学习本科生课程，让学生在自己感兴趣的领域内进行独立的研究，老师只起监督和指导作用。

（三）对教学信息化的利用

美国大学校园网络覆盖程度极高，在美国大学的校园网上，学生可以查到全部课程的教学安排、各个课程的教学大纲以及课程的具体授课计划。同时，学生不仅能够通过网络获取教务信息，而且能够通过网络在线与同学和老师分享教学资源，教师能够通过匹配过的课程网络进行互动辅导答疑，大大提高了学生学习的自主性，增强了师生互动交流的便利性。

（四）教学评价方式

美国高校教学评价方式相对多样化，评价内容相对多元化，属于"形成性评价"方法。该方法评价的内容包括学生的出勤率、学习态度、课外的准备，以及对课堂教学的参与程度与表现，期中、期末考试等。其中，期中、期末考试成绩占总成绩的比例远低于中国高校。该方法注重对学生学习过程的评价，教师会对学生上交的各种作业、课堂参与、课程报告等予以实时评价并及时反馈，在期末考试之前，学生对本门课的成绩应该已经心中有数。学生在参与课程的全过程中，通过教师给予的反馈能够及时进行针对性学习，学习效果能够得到及时巩固与提高。

二、英国高校课堂教学

英国作为开展高校教育的先驱者，以其严格、实效，注重学生素质和能力的培养而为全球所称道。英国高校独特的教学理念和教学方法培养出无数的杰出人才，在世界范围内作为高等教育的"领头羊"，对世界各地大学有着深远影响。

（一）课堂教学方法与形式

英国高校的课堂教学当然也是以传授知识为基础，但更注重在教学过程中启发学生、充分发挥学生的思考和创新能力。英国高校课堂教学方法具有双向性特征，即教师和学生更多的是就某一研究课题展开讨论。

英国高校的上课形式多种多样、不拘一格，主要分为大课、辅导课和讨论课三种。大课通常一天仅一至两节，教师会就某一个课题进行讲述，学生在下面记笔记。虽然学生有权随时打断老师进行提问，但通常问问题的机会不多。教师上课前会将上课的讲义上传到学校网站，罗列出要点条目，分条解释，以便更长远地研究和讨论介绍其他新观点。对于这些新观点，教师通常不会逐一详细讲解，往往只会列出一系列课后参考书目，并具体到页数，方便学生利用课余时间查阅。辅导课由助教老师和几个学生组成，其目的主要在于讲解学生当前正在做的有关所学内容的作业和已上交完成的作业，也会就学生学习过程中遇到的问题进行讨论分析。讨论课主要以小班形式进行，学生会就一个预先布置的课题进行讨论。每一个学生通常都要在教师和其他同学面前做一个简短的课堂报告，然后收集和分析不同的观点，最后由教师归纳补充。讨论课的气氛很活跃，学生可以就指定课题发表自己的看法，当面对不同的观点时还可以积极地维护辩解自己的观点。学生从一次次的争论辩解中可以学会从不同角度分析问题。

（二）课堂学习氛围

英国高校学生在组成合作小组以后很快可以进入合作讨论状态，积极地分享彼此就这一问题的认识看法，主动地承担学习义务。

（三）学生对待课后作业的态度

英国高校以其严格的作业制度而著名，其课程的显著特点就是作业多。每次授课结束后，授课老师必定会布置一些练习题，这些题目并非课本后面的习题，而是老师经过严格筛选、能够完全反映课堂所授知识的题目，完成这些题目就需要学生利用课后时间阅读大量的参考书。课后作业有时要求以学习小组为单位上交，大多数则要求学生独立完成。作业通常很灵活，需要在对知识完全理解的基础上进行灵活运用，往往一次课的作业学生要花几天，甚至一周以上的时间才能完成。

三、国外高校课堂教学对我国的启示

（一）转变课堂教学理念

转变教学理念是改进我国课堂教学的第一步。高校课堂教学的目标应该是引导学生、启发学生、教会学生学习的方法，而非局限于教材上的知识点。为达到这个教学目标，教师教学应注重启发学生自己发现学习中的问题，鼓励学生自主寻找学习资料，强化学生自主学习分析问题、解决问题的能力，减少对学生掌握知识的限制，更多的观点可以放在课后留给学生自己通过查阅相关文献资料了解、掌握。

（二）优化课堂教学方法与手段

除教师自身的知识水平、心理因素、教学能力外，教师对课堂教学内容的安排和教学手段的合理运用不容忽视。

第一，课堂教学理念应从"知识本位"向"能力本位"转移，改变我国大学课堂以讲授法为主的局面。在教学方法的整体结构上要强调其启发式、多样性、主动性、灵活性与互动性，通过案例教学、情景教学等营造真实的经济社会、生活环境，引导学生去体验、创造，认识事物的内在规律，培养学生分析问题的能力、表达能力、开拓创新能力，想方设法提高学生的学习兴趣与学习效果。

第二，优化教学系统，改善教师课堂表现的评价机制、监督机制，促进教师在教学过程中积极推动师生、生生互动，提高教师课堂上的主动性、创造性以及对职业的献身精神。

第三，加强对教师课堂教学法的指导与培训。教学的培训与提升不应该只存在于新进教师，每一位教师都应该定期参与教学相关培训，接受先进的教育理念和教学方法，以积极的态度接受不定期的考核，形成一种所有教师将改善教学方式方法作为自己毕生追求和努力方向的良好风气和正能量。

第四，在课堂教学中更多地引入讨论式教学，启发学生的思维能力。通过讨论式教学，能极大地发挥学生的自主创造性，锻炼学生的口头表达能力，使学生不仅知其然，也知其所以然。随着教育改革，国际间交流频繁，生活水平提高，现在的学生和以前比也发生了不少变化，年纪轻轻就迈出国门，眼界更开阔、思维更活跃，更愿意表达自己的见解和认识。所以，只要引导正确，学生的创新思维和发散思维就可以得到有效提高。同时，讨论式教学对

教师自身的学术水平、组织能力和应变能力提出了更高的要求，真正做到教学相长。

第五，不断丰富教学资源，激发学生的内在驱动力。教学更重要的是激发学生的学习兴趣和求知欲望，培养学生良好的学习习惯和学术思维方式，形成自主学习的能力。孔子说，"不愤不启，不悱不发"，意思是只有当学生参与了、思考了，有问题才会着急，这时候启发引导才有效果。内在驱动力是出于人内心的需要而产生的一种做事的动力，它的能量巨大，可以推动我们走得更远。学生也只有在内驱力的激励下，才能把学习学得更好。

（三）完善课堂教学评价

国外高校课堂评价不单检查教师的教学态度和行为，还会充分了解学生在各方面的进步。大多数国外高校都把学生的切身感受作为评价的重要内容，以此评价学生学得怎么样。

第一，评价模式和内容要体现发展性和科学性。国外教学评价是把评价作为改进教学的手段，是"合格"评价而不是"排队"评价。我国高校教学评价采取终结性评价，过分追求评价结果的数值统计和排序，过多地与教师的职称、聘任、薪酬等挂钩。我国高校教学评价指标不是引导教师注意教学事实而是给出较为模糊的等级方面的教学评价，特别是教学观念、教学能力、教学态度等抽象概念，学生不好理解。相比之下，美国高校在教学评价内容方面更加务实，评价指标有很强的操作性，对教师教学表现的评价更符合真实情况。

第二，要注重评价主体的多元性和开放性。我国高校忽视教师自我评价，将学生评价作为主要标准，使得教师在教学评价上处于被动地位，教师自我评价环节往往形式大于实际。国外教学评价从多方面、多角度对教师教学进行评价，使得教师和学生一直处于积极主动的状态。我国的课堂教学评价也应注重评价主体的多元性，注意信息获取的多个来源，以增加教学评价的客观性，并由封闭的教学评价体系转变为开放的教学评价体系。

第三，要注重教学评价组织的独立性。国外高校进行课堂教学评价的组织机构多具有独立性，因此更容易得到比较客观、公正的课堂教学评价结果。在我国，教师教学评价通常情况下都是由学校管理部门的管理人员制定标准，具有单一性和权威性，教学评价的管理化倾向严重。虽然在我国当前的教育管理体制下，第三方教学评价的现实可行性有待论证，但从教学质量评价的公正性来看，评价组织的独立性是值得借鉴的。

可以看出，国外高校课堂教学评价的一个突出特点是重视学习者对学习结果的决定作用。当然，我国高校的课堂教学评价也不能盲目套用国外的评价体系和评价模式，而应该符合我国高等教育发展的现状和特点，顺应我国教育理念变革的趋势和演进规律。

（四）借鉴高校教师管理模式

国外高校对于教师在教学中的自主地位是非常肯定和重视的，教师有制定教材、设计整体课程计划、编写教学大纲、自由选择教学方法的权利。这些权利首先要求教师具备很高的学术水平，了解本专业的前沿知识，从宏观上设计整体教学模式，包括推荐学生阅读参考文献、选择大纲中的知识点等。另外，还要求教师对学生的现状有很好的把握。目前，我国高校由于教学评价体系的相对滞后和思维定式，使得教师在教学中的权利受限，通常为迎合教学评价的规定选择教学手段和教学方法。同时，教师面对来自科研和教研两方面的压力，对实践教学偶感力不从心。我国高校可以借鉴国外对教师的管理和资源的配置制度。

首先，满足教师在教学中自主权的发挥。教师通常是对本专业最熟识的人，甚至比管理者更清楚该如何教授本门课程。实际上，授课也许不需要教材，而需要大量的参考文献；也许可以不在教室中授课，进行户外活动的教学效果更好；或者授课顺序与教材不同更显条理清晰。因此，我国高校的管理层应该充分信任教师的能力，让教师发挥授课的自主权，积极调动教师的教学积极性，鼓励教学方法的多样性和创新性，这样教师的教学潜能会得到更好的发挥，教学效果也会更好。

其次，我国高校目前评价教师教学的评价体系仍相对固定，采取同一个评价体系衡量不同院系、不同专业教师的教学质量，是对教师创造多样性教学方法的限制。不符合评价体系要求的便被视为不合格，所以教师为了满足评价体系的宏观衡量标准，只能降低自身教学方法的多样性来满足体系的要求。由此，我国高校教学模式可以尝试设计双向教师配对教学。比如，实践课可以选择校企结合的教学模式，聘请实践能力强的企业人员教授实践课；理论课可以由本校教师来讲授，一个课堂两位教师。这样两位教师可以各自发挥所长，关注各自领域的前沿信息，更有利于提高专业水平，从而提高课堂教学效果。

最后，尽量改进和完善教学评价体系。不能一根尺量人，不同专业应有不同的教学评价方法，当然也要有共同的评价标准，这就要求评价体系的制定必须把握一个度。这个度把握得偏了，衡量就不准了，如果向共性的一方偏，往往限制个性的发挥；如果向个性的一方偏，往往造成无序状态。因此，高校应研究出一整套行之有效的教学评价体系，不能以点带面、以偏概全，要明确共性之下存在个性的差异。

（五）在教学中运用信息技术

在信息技术迅猛发展的今天，智慧化校园、智慧教室的建设成为高校发展的主要方向。如何借助信息技术平台，使教学更加智能化，以进一步提高课堂教学管理的精准度及效率是课堂教学应该努力的方向。

一是要构建学生综合管理信息系统。要将现在许多高校分散的涉及学生事务的管理信息系统（如教务系统、学工系统、缴费系统等），整合为一个综合管理系统，让学生大学四年乃至毕业后，都可通过该系统获得自己想获得的一切信息和服务；让老师在获得授权的情况下，可以了解到所教学生一切可以了解的信息，联络到想联络的学生；使其成为师生课上课外、线上线下交流互动的平台。

二是要建立与课堂教学双主体相适应的智慧化教室，包括多视角展示、实时摄录回放，灵活可变的桌椅，大带宽、全覆盖的无线网络信号等。

三是改变教育技术应用的理念和方法，使其成为学习的工具，包括成为效能工具、信息获取工具、认知工具、情境工具、交流工具和评价工具；发展知识构建的参与者和帮助者，而不是简单地让技术在某些方面替代教师教、学生学，成为"从技术中学习"的方法。

四是注重教育新技术的应用，如虚拟／增强现实（VR/AR）技术、机器人技术、3D打印技术、大数据等。

（六）创设课堂教学环境

国外高校课堂教学模式的最大优点是其良好的教学环境。比如，美国某高校的多功能教室在设计上以小圆桌形式为主，中间摆放多个小圆桌，教师的位置在中间，有控制台，有些教室采用活动椅，每个单椅带有一个简易小桌。这样的布置使得学生可以很方便地进行讨论，也可以及时面向教师听课。教室的四面墙都设有投影仪，学生可以多角度观看投影仪上的内容。此多功能教室打破了以教师为中心的权威式教学模式和课堂座位排列惯性，教师在教室中起到组织、主持和创设教学环境的作用。把课堂的主动性交给学生，能够实现教师与学生的双主动课堂教学模式。我国高校现阶段的教室还没有达到这样的活动程度，因此教学的灵活性受到限制，教师仍然处于绝对的教学主体地位，以教师传授、学生接受的模式为主。

因此，我国高校可以从国外的教学环境中借鉴此种教学环境的营造，以改革试点的方式建造多功能教室，尝试采用新颖的教学方法，鼓励教师在教学中创设活跃的教学环境。引导式、合作式教学能够激发教师更多的教学潜能，有利于活跃课堂氛围，提高教学效果。

第三节　信息技术与高校本科教学课程的整合

一、信息技术与课程整合概述

（一）信息技术与课程整合的内涵

信息技术与课程整合源自西方课程整合（Curriculum Integration）的概念。"整合"一词在英语中为 integration，在汉语中可解释为综合、融合、集成、成为整体、一体化等。从理论上讲，课程整合意味着对课程结构、课程内容、课程目标、教学设计、教学评价等课程的各个要素做系统的考量与操作，也就是说要用整体的、联系的、辩证的观点来认识、研究教育过程中各种教育因素之间的关系。在系统科学的思维方法论方面，整合表示两个或两个以上较小部分的事物、现象、过程、物质属性、关系、信息、能量等在符合具体客观规律或符合一定条件要求的前提下，凝聚成一个较大整体的发展过程及结果，即由系统的整体性及其在系统核心的统摄凝聚作用下而导致的使若干相关部分因素合成为一个新的统一整体的程序化过程。教育界通常用"整合"这一词语来表示整体综合、渗透、重组、互补、凝聚等意思。

目前，关于信息技术与课程整合的观点主要有两种：大整合论和小整合论。大整合论的观点主要是指将信息技术融入课程的整体，改变课程的内容和结构，变革整个课程体系。大整合论把课程看成一个较大的概念。而小整合论的观点则将信息技术与课程整合等同于信息技术与学科教学的整合，把信息技术主要作为一种工具、媒介和方法融入教学准备、课堂教学过程和教学评价等各个方面。小整合论把课程等同于教学，是目前信息技术与课程整合实践中的主流观点。

事实上，信息技术与课程整合强调系统地、全面地看待信息技术在课程教与学中的作用，强调建立新型的基于信息技术的教与学模式，强调学习者使用信息技术进行自主、探究、合作式的学习，改变传统的只把信息技术视为辅助教学的片面看法。

何克抗教授关于信息技术与课程整合的描述，在教育界得到了较为广泛的认可。他认为，信息技术与课程整合就是通过将信息技术有效地融合于各学科的教学过程，来营造一种新型的教与学的教学环境，以实现一种能充分体现学生主体地位的以"自主、探究、合作"为特征的新型的教与学方式，从而使传统的以教师为中心的课堂教学结构发生根本性的改变。这一定义包含三个基本属性：营造或建构信息化的教学环境、实现新型的教与学方式，以及变革传统教学结构。信息技术与课程整合的实质和落脚点是变革传统的教学结构，只有从变革传统教学结构这一属性去理解整合的内涵，才能真正把握信息技术与课程整合的内涵。

（二）信息技术与课程整合的基本原则

信息技术与课程整合是将信息技术有机地融合在各学科教学过程中，它将信息技术与学科课程的结构、内容、资源以及课程的实施等融为一体，使之成为与课程内容及实施高度和谐的有机部分，从而能够更好地完成课程目标，同时提高学生的信息素养，培养学生的协作意识和能力，使学生掌握在信息社会中思考和解决问题的方法。但整合不等于混合，在利用信息技术之前，教师要清楚信息技术的优势和不足，并了解学科教学的需求。在整合过程中，教师要设法找出信息技术能提高学习效果的地方，从而使学生更明确地使用信息技术来完成那些用其他方法做不到或做得效果不好的事情。因此，对于学生来说，信息技术是一种终生受用的学习知识和提高技能的认知工具。课程整合的最基本特征，就是它的学科交叉性和立足于能力的培养，即强调事物联系的整体性和能力培养的重要性。

1. 正确地运用教育理论指导信息技术与课程整合的实践

现代学习理论为信息技术与课程整合奠定了坚实的理论基础。在教学和学习的层面上，每一种理论都有其正确的一面。但是，在教学实践中，没有一种理论具有普适性。换言之，无论哪一个理论都不能替代其他理论而成为唯一的指导理论。否则，就会误入二元分立的思维方式，出现为了克服一种片面性，而又陷入另一种片面性的错误。例如，行为主义学习理论适用于需要机械记忆的知识或具有操练和训练教学目标的学习，主要用于指导和激发学生的学习兴趣，控制和维持学生的学习动机。而建构主义学习理论提倡给学生提供建构理解所需的环境和广阔的空间，让学生自主地、发现式地学习。

2. 根据教学对象选择整合策略

人类的思维类型可分为抽象思维与具体思维、有序思维与随机思维。对于不同学习类型和思维类型的人来说，他们所处的学习环境和所选择的学习方法将直接影响他们的学习效果。在长期的教学实践中发现，有的学生不能主动对外来信息进行加工，他们喜欢有人际交流的学习环境，需要明确的指导和讲授；而有的学生在认知活动中，则更愿意独立学习，进行个人钻研，更能适应结构松散的教学方法或个别化的学习环境。因此，信息技术与课程的整合应该根据不同的教学对象，实施多样性、多元化和多层次的整合策略。

3.根据学科特点构建整合的教学模式

每个学科都有其固有的知识结构和学科特点，对学生的要求也是不同的。比如，语言教学培养学生应用语言的能力，主要训练学生在不同的场合正确、流利地表达自己的思想，较好地与别人交流的能力。为此，应该利用信息技术，模拟出接近生活的真实语境，为学生提供反复练习的机会。数学属于逻辑经验学科，主要由概念、公式、定理、法则以及应用问题组成。数学教学的重点应该放在开发学生的认知潜能上，教师可以通过给学生创设认知环境，让他们经历由具体思维到抽象思维，再由抽象思维到具体思维的过程，并完成对数学知识的建构。物理和化学则是与人们的生产、生活密切相关的学科，在教学中，应注意对学生观察能力、解决问题能力和做实验能力的培养。对于那些需要观察自然现象或事物变化过程的知识，形象和直观的讲解将有助于学生理解和记忆。但如果需要培养学生的操作能力，那么用计算机的模拟实验全部代替学生的亲手实验，将会违背学科的特点，也会背离教学目标。因此，在对不同的学科进行整合时，既要遵循相同的整合原则，也应根据学科的特点，选择不同的整合策略，运用不同的方式。

4.运用"学教并重"的教学设计理论来进行课程整合的教学设计

目前，流行的教学设计理论主要有"以教为主"的教学设计和"以学为主"的教学设计两大类，这两种教学设计理论各有其特点。因此，最理想的方法是将二者结合起来，取长补短，形成"学教并重"的教学设计理论。这种理论也正好符合"既要发挥教师的主导作用，又要充分体现学生学习的主体作用的新型教学结构"的要求。在运用这种理论进行教学设计时要注意，不能将以计算机为基础的信息技术，仅仅看作辅助教师"教"的演示教具。不论是多媒体，还是计算机网络，更应当把它们作为促进学生自主学习的认知工具与情感激励工具。在课程整合时，要把这一观念牢牢地、自始至终地贯彻到整个教学设计的各个环节之中去。

5.个别化学习和协作学习的和谐统一

信息技术给我们提供了一个开放性的实践平台，在实现同一目标时，我们可以采用多种不同的方法。同时，课程整合强调"具体问题具体分析"，当教学目标确定后，可以通过整合不同的任务来实现目标。对于同一任务，不同的学生也可以采用不同的方法和工具来完成。这种个别化的教学策略，对于发挥学生的主动性、进行因人而异的学习是很有帮助的。但社会化大生产要求人们具有协同工作的精神，在现代学习中，尤其是在一些高级认知场合（如复杂问题的解决、作品评价等），多名学生要能对同一问题发表不同的观点，并在综合评价的基础上，协作完成任务。互联网的出现，也正为这种协作学习创造了很好的平台。因此，在教学中既要为学生提供个别化的学习机会，又要组织学生进行协作学习。

（三）信息技术与课程整合的目标

信息技术与课程整合的总体目标就是要通过现代信息技术（特别是多媒体和网络通信技术）所提供的信息化环境，实现一种全新的教与学方式，从而彻底变革传统的教学结构，培养出大批 21 世纪所需的创新人才。信息技术与课程整合的具体目标，即通过整合优化教学过程，提高教学效果，促进教学相长，最终提升学生的信息素养。教师和学生在整合过程中要达到的具体目标会略有不同，但两方面目标密不可分，彼此相互促进。

1.教师的整合目标

（1）提升信息素养

在教育信息化的进程中，教师要实现信息技术与课程整合，必须提升自身的信息素养。具体而言，即应该掌握信息检索、加工与利用的方法；掌握常见教学媒体选择与开发的方法；掌握信息化教学设计方法；掌握课堂信息化教育实践方法，如课堂信息化教育实践模式、多媒体网络教学系统的使用方法；掌握教学媒体、教学资源、教学过程与教学效果的评价方法等。

（2）促进教学方式的根本性变革

在许多传统的教学方式中，如常见的"满堂灌"方式，教师对知识讲解得系统、充分，逻辑性强，赋予了知识高效率的特点，却忽略了学生对知识主动建构与创新能力的培养。通过信息技术与课程整合，教师可以利用信息化的教学模式，充分发挥学生自主、合作和探究的学习能力，从而改革传统教学方式的弊端。

（3）实现信息技术与学科教学的"融合"

"整合"就是把信息技术融入课程、融入教与学的过程，以及融入课堂。这里的课程、教学和课堂是主体，技术则是一种不可缺少的新颖的学习手段和方式。在这种有机融合的过程中，信息技术将作为演示工具、交流工具、认知工具、个别辅导工具、研发工具、提供资源环境的工具等来充分发挥其教学功能。

（4）优化教学过程，提高教学质量和效益

在教学过程中，要在先进的教育思想、理论的指导下（尤其是建构主义理论的指导下），把以计算机与网络为核心的信息技术作为促进学生自主学习的认知工具与情感激励工具来促进传统教学方式的根本变革（也就是促进以教师为中心的教学结构与教学模式的变革），从而达到培养学生创新精神与实践能力的目标。

2. 学生的整合目标

信息技术与课程整合中还要对教学对象，即学生进行有效整合，整合目标如下。

①培养学生的创新精神和实践能力。

②培养学生良好的信息素养，包括培养学生的信息意识、信息知识、信息能力与信息伦理道德。

③培养学生终身学习的态度和能力。

④培养学生掌握信息时代的学习方式，包括会利用资源进行学习；学会在数字化情景中进行自主发现的学习；学会利用网络通信工具进行协商交流，合作讨论式的学习；学会利用信息加工工具和创作平台，进行实践创造的学习。

（四）信息技术与课程整合的模式

在信息技术与课程的整合中，信息技术作为一种认知工具出现，且与教学的总体能力目标一致，即培养学生的"信息素养"和实践能力。但对于不同的学科，信息技术的作用是不一样的，为此，可以将信息技术与课程整合分为三种基本的教学模式。

1. 讲授式教学模式

讲授式教学模式是传统课堂教学的主要模式，是一种单向沟通的教学模式，其显著特点是以教师讲、学生听为主，所以又称为接受式教学模式。讲授式教学的思想主要源于美国著名教育心理学家奥苏贝尔。奥苏贝尔认为，学生的学习主要是接受学习，而不是发现学习，学生要通过教师所呈现的材料来掌握现成的知识。他经过悉心的研究，将接受学习分为机械接受学习和有意义接受学习两种。奥苏贝尔指出，接受学习可以是有意义的，而不是机械的。新知识必须与原有观念之间建立适当的有意义的联系，有意义的接受学习也带有一定的主动性，需要学习者在理解的基础上把知识内化为自己的认知结构。讲授式教学模式强调依据知识的内在逻辑联系形成良好的认知结构，其主要目标是促进学生对知识的掌握，特别是对意义的理解、保持和运用。

信息化背景下计算机支持的讲授（Computer Supported Lecturing）包括计算机多媒体在课堂教学中的多种应用，如电子讲稿制作与演示，用网络化多媒体教室支持课堂演示、示范性练习、师生对话、小组讨论等。计算机在课堂教学中的应用使传统的教学形式得到新生，并且有助于教师在信息化时代的教学过程中继续发挥其应有的作用。互联网技术介入教育后，一方面对传统的课堂教学产生了较大的影响，极大地丰富了教学的资源，增强了教师与学生、学生与学生交流的广度与深度；另一方面突破了传统课堂中人数及地点的限制。在互联网上实施讲授，学习人数可以无限多，而且世界各地的学生都可以参与学习，不必集中于同一地点。基于互联网讲授的最大缺点是缺乏在课堂上面对教师的那种氛围，学习情境的真实性不强。

2. 研究性教学模式

研究性教学模式是以一种类似于科学研究的方式组织的教学。在该模式下，学生是学习的积极参与者，他们在信息技术的帮助下，从多种渠道寻找信息，对各种资料进行分析、归纳、整理、提炼，并从中发现有价值的信息，同时运用各种信息工具，体验科研的过程和方法，为自己的观点提供依据。

研究性教学模式中的整合任务，一般不是教材中的内容，而是课后的延伸，甚至是社会中的某些问题。它超越了传统单一学科学习的框架，按照学生认知水平的不同，将社会生活中学生感兴趣的问题，以主题活动的形式呈现出来，让学生在研究、探讨中完成学习任务，从而达成课程目标。学生通过主体性、探索性、创造性解决问题的过程，将多个学科的知识，如学问性知识和体验性知识、课内知识与课外知识、学校知识与社会知识有机地结合在一起，可以最大限度地促使身心和谐统一地发展。研究性教学模式更加突出了学生的主体性和参与的过程性。在整个研究的过程中，从研究方案的形成到方案的实施，再到最后任务的完成都由学生自主完成，而教师仅对学生选题、收集和分析资料的方法等进行一般性指导。我们说教师对学生的学习进行一般性指导，并非指教师的作用可以忽略，实际上，在整个教学过程中，教师指导得成功与否，直接关系到研究型学习的成败。在组织研究型学习时，如何确定研究主题，是整个研究型学习的关键所在。因此，教师在选择研究主题时，要考虑学生的认知能力和年龄特点，依据循序渐进的原则。

3. 探究性教学模式

探究性教学模式是基于学生敏感、好奇心强，易受外界刺激影响的认知心理，有意识地强化外界刺激，把教材理论知识物化、动化，使学生更加关注课堂，学习更加轻松，对学习产生更加浓厚的兴趣的教学模式。探究性教学模式的理论基础是布鲁纳的认知—发现学说、苏霍姆林斯基的教育思想、杜威的实用主义经验论和现代建构主义的学习理论。在信息技术与课程深层次整合的过程中，各学科的知识增长和能力培养可以依靠探究性学习模式得以实现。探究性教学模式是高度概括的一种教学模式，信息技术与课程整合的大部分常规课程教学都可采用该教学模式来实现。在信息化教学环境中，探究性教学模式有两种常见的表现形态：建立专题网站的探究性教学模式和基于网络的探究式教学模式。

探究性教学模式不仅可以较深入地达到对知识技能的理解与掌握，而且有利于创新思维与创新能力的形成与发展，即有利于创新人才的培养。在此过程中，取得成就的关键是，学生在学习过程中的主体地位是否能得到比较充分的体现，以及教师的引导、帮助与支持。换句话说，探究性教学模式的成功实施涉及两个方面：既要充分体现学生在学习过程中的主体地位，又要重视发挥教师在教学过程中的主导作用，离开其中的任何一方，都不可能获得良好的效果。

总之，信息技术与学科教学的整合，是提高教学效率的有效途径，是教学资源与教学要素的有机集合，是运用系统方法，在教育学、心理学和教育技术等教育理论和学习理论的指导下，协调教学系统中教师、学生、教学内容和教学媒体等诸元素的作用、联系和相互之间的影响，使整个教学系统保持协调一致的手段和方法。

二、信息技术与高校本科教学课程的整合

（一）信息技术与高校本科课程整合的意义

教育信息化是实现教育现代化的基础和条件，是教育现代化的重要内容和主要标志。信息技术以其独有的即时性、交互性、集成性、控制性，给教育带来了深刻的变化，为教育现代化提供了有力的支持，为各学科的有效教学提供了可靠保证。信息技术与高校本科课程整合顺应信息化时代数字化学习的要求，是移动学习模式发展的需要，有利于教师提高认识、转变观念，为整合奠定扎实的专业基础；有助于通过教师课堂教学和学生利用网络、光盘等教学资源开展自主学习，提升学生的自主学习能力；有利于发挥信息化技术的优势，打破传统课程教学的局限，使教学模式多样化。

(二) 信息技术与高校本科课程整合的途径

1. 教学资源整合

在教育资源整合方面国家、学校和师生要加大教学资源整合的投资，加快单位和个人信息化硬件设施的建设，使语音室、实验室、网络教室、寝室、图书馆、训练馆和教室等场所具有良好的信息技术设备。同时，要吸纳社会力量投资信息技术设施与设备建设，开发高校本科课程软件资源和教育资源库，使用多媒体终端整合课堂基于云计算教师的操作台形式，实现课堂形式的立体互动。

2. 引入多媒体互动

在高校，目前许多课程已经引入了多媒体互动教学活动。例如，通过软件进行语音比对，解决了播音发声的语音准确性、流畅性问题。

3. 课程内容整合

课程内容整合包括教学过程的整合、教学评价过程的整合和教学途径的整合。信息化技术与课程资源进行有效整合，能够降低知识的理论化、抽象化等教学难度，将概念转变为形象化形式，使学生能够从另一个角度来理解知识。另外，在信息技术的帮助下，可将课程当中复杂的问题等通过相应的教学软件直接又简捷地呈现出来，使学生能够学习到更快速的解题技巧，从而锻炼学生的逻辑思维能力。

4. 发挥教师作用

学校要重视对教师进行信息技术基本技能、课程整合理论、运用多媒体软件和数据处理软件的培训，培养教师之间交流合作的能力，增强教师共享信息化资源的意识，提高信息素养，做到教学手段多元化。

第五章　信息化背景下
高校本科实践教学体系的构建

信息化背景下，高校本科实践教学的建设离不开实践教学体系的构建，要更好地培养学生的创新意识和创新能力，为我国经济发展和社会进步培养复合型人才。本章分为高校本科实践教学基地、高校本科实践教学的手段、高校本科实践教学体系的构建三个部分，主要包括实践教学基地概述、高校本科多元化实践基地建设策略、完善实践教学各个环节、改革实践教学方法和手段、高校本科实践教学体系概述、高校本科实践教学体系构建原则及构建途径等内容。

第一节　高校本科实践教学基地

一、实践教学基地概述

（一）实践教学基地的概念

实践教学对于提高学生的综合素质、培养学生的创新精神与实践能力有特殊的作用。而实践教学基地是指具有一定规模且相对稳定的供学生参加实践教学活动的场所。实践教学基地为学生完成实验、见习、实习、实训、毕业论文（设计）、社会实践活动提供必要的条件和服务，是实践教学的基本条件，它的建设和管理直接关系到实践教学的质量。

首先，实践教学基地必须具有一定规模。任何专业都具有一定的学生人数，在高等教育大众化的今天更是如此。因此，为了满足实践教学的需要，无论是校内实践教学基地还是校外实践教学基地，都必须保持一定的规模。没有一定的规模，一次只能接受少数几个学生实习、实训的场所，不能算是真正的实践教学基地。

其次，实践教学基地必须具有相对稳定性。无论是校内实践教学基地还是校外实践教学基地，都要在一定时间内承担实践教学任务，大多数高校将时间限定为最低三年来保证实践教学基地的稳定性。之所以要保证实践教学基地的稳定性，一是因为实践教学本身就是稳定的，是高校教学的一项常规工作，循环往复，规律性强，实践教学基地不稳定会给实践教学的正常开展带来巨大影响；二是实践教学基地的建设需要经费的投入和各种条件的准备，实践教学基地不保持一定的稳定性，必将增加教学管理成本。

最后，实践教学基地必须有明确的任务。由于专业的不同，实践教学基地承担着不同的教学任务。实践教学基地必须能使学生受到实践能力的训练。实践教学基地不同于教室、实验室，也不同于具体的工作场所，它有具体的工作环境、仪器设备、训练设施，是一个培养学生专业能力、岗位能力的综合训练场所。实践教学基地要以培养学生技术应用能力和综合素质为主旨，以行业科技和社会发展的先进水平为标准，以学校人才培养定位和所设专业的实际需要为依据，充分体现规范性、科学性和实效性，形成真实有效的人才培养环境，让学生有身临其境之感，使学生得到系统的、规范的专业和岗位能力训练，提高学生的知识应用能力和实践动手能力。

（二）本科高校实践教学基地的分类

本科高校实践教学基地有各种不同的类型。按其所处位置，可分为校内实践教学基地、校外实践教学基地；按其所包括的学科数量，可分为单科性实践教学基地和多学科综合性实践教学基地；按其性质，可分为教学型实践教学基地、教学科研型实践教学基地、生产教学型实践教学基地等。这里仅对校内实践教学基地和校外实践教学基地做简要分析。

1.校内实践教学基地

本科高校实践教学任务繁重，为了确保实践教学任务的完成，必须建立一个稳定的、高质量的校内实践基地，使之成为教学、科研、实践相结合的多功能基地。校内实践教学基地就是各教学单位根据专业特点，依托校内的实验中心（综合实验室）、机关单位，经学校批准建立的实践教学场所。与校外实践教学基地相比，校内实践教学基地具有以下优点。

①就近方便。校内实践教学基地由于设在校内，与学生课堂教学相近，进行技能训练十分方便快捷。特别是对于一些耗时较长或有一定时间间隔的技能

训练项目，在校内实践教学基地进行训练就更加方便和易于安排。

②保障性强。校内实践教学基地大多是由学校投资建设的，实习、实训设备完全可以根据实践教学的需要而随时增购，实习、实训项目也完全可以根据实践教学的需要而设立。在学校因特别情况需要调整教学计划，或校内实践教学基地因故不能安排实践教学任务时，学校也很容易对教学计划安排做适时调整，从而有效地保障实践教学的需要。

③便于管理和控制。校内实践教学基地可以根据学校实践教学的需要对基地建设做出长远规划，有目的、有计划、有组织地加强基地建设。同时，可以根据学校专业设置、教学任务的变化，对实践教学基地建设做出适当调整，以更好地满足实践教学的需要。

2. 校外实践教学基地

校外实践教学基地是指由学校有关部门、教学单位根据不同专业和学科特点，选择具备相应实践教学条件的企事业单位、科研机构，在双方平等协商的基础上建立的具有一定规模，能够满足本科生实习、培训、社会实践、创新等实践教学环节的相对稳定的场所。校外实践教学基地是实践教学的重要场所，是学生职业素质提高、职业道德形成、专业能力提升的重要途径，是本科高校实现人才培养目标的重要环节，对学生的实践能力、创新精神以及创业精神的培养具有十分重要的作用。与校内实践教学基地相比，校外实践教学基地具有以下优点。

①人才培养更易与社会需要接轨。校外实践教学基地大多是医院、有关政府部门、企事业单位、科研机构等场所，这些单位也是用人单位，学生到这些单位进行实习、实训，可以直接了解到用人单位对应用型人才素质的要求。学校也可以根据社会需要，对人才培养环节进行合理的调整。因此，校外实践教学基地就是本科高校与社会联系的桥梁和纽带。

②实践技能训练环境更真实。由于校外实践教学基地本身就是实际生产场所，学生在实践教学基地所进行的技能训练本身就是生产过程中的重要一环。因此，在校外实践教学基地，学生接受实践技能训练的环境更加真实。

③功能更全面。校外实践教学基地可以对学生进行基本技能的训练，但更重要的是可以培养学生的设计开发能力并增强学生的创新精神。校外实践教学基地往往既是教学基地，也是科研基地，还是新技术、新产品的研发基地。这种产学研相结合的复合型基地，融教学、科研和技术开发为一体，可以使学生较早地参加科研活动，较早地接触到新技术、新产品、新方法，认识、了解本学科、本行业的一些最新发展动态，或是从中找到一些自己今后研究的目标和工作的方向，启迪创新的火花。这不仅提高了学生的专业基本技能，而且培养

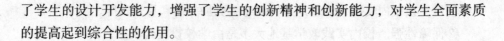

了学生的设计开发能力，增强了学生的创新精神和创新能力，对学生全面素质的提高起到综合性的作用。

（三）实践教学基地的功能

实践教学基地是高校培养应用型人才的重要场所和有效渠道，在教学、科研和服务社会中有着十分重要的功能。

1. 提高应用型人才培养质量

实践教学基地提高应用型人才培养质量的这一功能是由本科高校人才培养目标和人才培养模式决定的。本科高校的培养目标之一是为国家和地方经济社会发展培养适应生产、管理、服务一线需要的高级应用型专门人才。这种应用型人才最重要的特点，就是具有很强的理论应用能力，具有在生产、管理、服务一线工作的实践能力。这种实践能力不完全是靠课堂上的理论教学培养出来的，更重要的是靠实践教学来培养。

本科高校为了侧重培养学生的实践能力，必须形成自己独特的人才培养模式。在本科高校特有的人才培养模式中，为了培养学生的实际动手能力和创新精神，就必须建立满足学生实习和实训所需要的实践教学基地。实践教学基地是本科高校人才培养模式的重要组成部分，为实践教学各环节的实施提供重要条件，是学生将理论知识向实际应用转化的重要场所，也是学生获得实践技能的重要场所。

正是通过在实践教学基地的实习、实训，学生不仅提高了专业技能，增强了实践动手能力，而且培养了创新精神，增强了合作意识、团队意识，增进了对社会的了解，获得了未来职业的体验。

2. 开展产学研合作

实践教学基地既是教学基地，也是产学研合作基地。产学研合作是本科高校培养应用型人才的有效途径。通过产学研合作，学生在"学中干""干中学"，在探索中学习、在学习中探索，综合素质得到全面提高。

产学研合作也是学校为社会服务的重要途径，通过产学研合作，相关工厂、企业可以从高校获得先进技术支持，开发新产品、新技术，开辟新的服务领域和新的市场，推动企业不断创造新的业绩。

实践教学基地就是产学研合作的平台，在这个平台上，企业的需求代表着社会的需求，既提出了人才培养的素质要求，也预示着新产品、新技术开发的方向。高校在这个平台上，既要完成人才培养的任务，也承担着为社会服务的职能，同时也实现自己科研水平的提高。

3.拓展学生就业空间

就业乃民生之本，同时，就业也是本科高校人才培养的重要导向。应用型本科高校在我国高校中占据绝大部分比重，面向生产、管理、服务第一线的本科应用型人才是就业的一个庞大群体。

本科高校教学质量的高低和学生社会适应能力的高低，在很大程度上决定了学生就业率的高低。开辟多种就业渠道，建立稳定的就业基地，是提高就业率的重要举措。校外实践教学基地的实习、实训科目与企业的生产实际密切相关，学生在基地接受的技能训练等于是预先接受了岗前培训。因此，在实践教学基地实习、实训的学生更符合企业的用人需要。这样，实践教学基地就不仅仅是教学场所，同时也是学生的就业场所；不仅仅是教学基地，也是就业基地，从而拓展了学生的就业空间。

4.提高高校教师素质

培养高素质人才是本科高校的根本任务。但要实现这个任务，必须有一批具有较高理论水平和较强专业实践能力的指导教师。从本科高校目前的实际来看，绝大多数教师都是从一所学校到另一所学校，不同的只是学习层次的转换，或从学生到教师的转换，同样存在着实践动手能力不足的问题。教师的实践动手能力不强，要培养出实践动手能力强的学生，几乎是不可能的。因此，提高教师的实践动手能力，是本科高校一项迫在眉睫的工作。

本科高校所建立的校内外实践教学基地，不仅能为学生提高实践技能提供场所，同时也是教师提高实践技能的场所。教师在实践教学基地指导学生的过程，也是一个学习和锻炼的过程。不仅如此，通过校外实践教学基地建设单位来聘请有丰富实践经验、热爱教育事业的技术专家、管理专家、能工巧匠等担任外聘教师，也可以改善高校的师资队伍结构，从而形成"双师型"教师队伍，有效地提高教育教学质量。

（四）实践教学基地建设的必要性

实验和实践教学是高等教育过程中的重要环节，是知识的获取或验证以及能力培养的重要步骤。因此，实践教学基地也是教学过程中的重要场所，必须认真抓好实践教学基地的建设。

首先，要坚持校内外结合，做好全面规划。实验室是实践教学基地的重要组成部分，实验室建设一定要与学科专业建设、课程建设相匹配，防止分散配置、分散管理、局部使用、低水平重复的低效益建设方式，注意集中力量建设好公共的基础性实验室；做好实验室的计划管理、技术管理、固定资产管理和经费管理，改进分配和设备投资办法，提高投资效益，提高设备利用率；组织实验室建设的检查验收。在满足基本教学需要的基础上，要尽可能考虑建设综合性实验室，以利于集中管理、合理配置和合理使用，提高使用质量和效益，同时利于综合性实验的开展，从而培养学生的综合能力和创新能力。

其次，在加强实验室建设的同时，也应加强其他类型的校内实践基地的建设，且在建设中坚持质量和效益的原则。校内实践基地的建设，应突破仅限于感性认识、技能训练的旧模式，成为可模拟工业、社会等环境，进行综合教育训练的课内外实践教学基地；同时要改善实习条件，健全实习管理规章制度。

最后，对于校外实践教学基地的建设，应注意在互利原则的基础上保持相对稳定的关系。建设校外实践教学基地，要努力把实习与承担实习单位的实际工作任务结合起来，做到互利互惠，以取得校外实习单位的支持。互利可以使单纯承担教学的负担转变成为有利于基地整体建设的促进动力，而稳定的共建关系，不但有利于基地的建设，也有利于教学质量的提高。

二、本科高校实践教学基地的建设策略

高校的实践教学基地一般分为校内实践基地和校外实践基地。有的院校偏向于校内实践基地的建设，有的院校偏向于校外实践基地的建设。对于本科高校来说，要解决实践经费不足与提高学生的实践能力这一广泛性的矛盾，就应该充分利用社会资源和专业优势，打通校内、校外实践教学基地的屏障，加强政、校、企合作，将校内外实践教学资源进行优化整合，形成政府、学校、企业"三赢"的格局。

（一）打造政、校、企合作共同体

高校应该紧盯国家创新驱动发展战略，瞄准地方经济结构调整与产业转型升级动向，依托学校的特色优势学科，以服务地方经济发展为导向，通过校企合作，政、校、企联合等方式，使优质教学资源充分渗透实践教学的各个环节，进而提高实践教学的实践性。因此，要有效实现政、校、企合作，需要从以下两个方面去完善。

1. 创新校企合作办学模式

学校应该加大优势化的发展策略，充分挖掘学校内部优势学科和优势专业的优势，促进高校与地方政府、企业的深度融合，形成校企合作下与专业共建办学的新模式。这种模式将传统封闭的实验室直接面向市场，可以有效打通教育链、人才链与产业链、创新链，为学生提供更加完善的校内外实践教学基

地。比如，四川轻化工大学充分发挥特色学科的优势，依托生物工程学院酿酒专业，与五粮液集团共建了"五粮液"白酒学院。通过这项深入合作，学校每年能够吸引 1700 万元的科研经费和奖教金，用于创新性人才实践能力的培养与科学研究。这样一来，既强化了学生的实践能力，又为学生创新、创业和培养社会需求的高级管理人才创造了有利的实践条件。

2. 加强政、校、企联动机制建设

加强政、校、企联动机制为校企合作办学方式的不足开辟了一条新的路径。这种联动机制主体由政府、高校、企业组成。高校处于这种合作模式的核心，通过与企业深入融合培养定向高技能应用型人才，解决了高校实践教学经费、设备和场地不足的情况。企业通过产学研方式与高校进行产教互动，以此来满足自身对所需专业技能人才的培养。政府部门则是高校、企业之间联动的纽带，其通过出台相关的政策，让高校与企业的教学硬件、软件资源进行最大化的深入融合。通过这种联动机制建设，可以激发高校探索培养高技能应用型人才的新路径，增强地方的教育力度，提升该地区经济的高质量发展。

（二）搭建校企合作基础平台

企业对人才的需求是根据市场对专业要求的变化而变化的。高校为了培养的人才能更好地为地方经济社会发展服务，就要打破传统的"学科壁垒效应"，即改变一个专业对应一个企业的合作模式，搭建起一个专业群与一类对口企业开展合作的平台。此平台中所有实践课程标准、教学设计、项目库、案例素材库等教学资源，都应由校企共同负责制定。群内所有专业可以根据市场需求进行优化组合，与企业开展实习实训活动，以此促进实践教学基地的学习途径和教学手段的多元化发展，进而形成校企紧密合作、互相支撑的局面。搭建此平台，需要从以下两个方面去着手建设。

1. 共建共享

在实践教学资源有限的情况下，高校要打开与政府、企业、行业合作交流的屏障，就必须及时面对变化的市场，打造一批与当前行业需求相衔接的优势专业，服务地方区域经济社会的发展，以此培养和提高学生的就业能力。比如，四川轻化工大学与宜宾市人民政府紧密合作，建成跨区域的宜宾校区。该校区主要培养以白酒产业链发展为集群的特色优势专业。宜宾校区的建设与使用，形成了多空间办学的特色，打开了高校服务地方区域经济发展的局面。

2. 以群建院

专业集群是由不同的学院、不同的专业交叉组合而成。为了对群内的所有资源关系进行统筹协调，解决专业群跨院系、跨专业带来的一系列问题，最有效的方式就是根据专业群建立特色学院。这个学院要建立在专业群之上，通过建立特色产业学院，强化跨学科资源的融合、共享，大幅降低专业建设经费。同时，要通过产教融合方式，进一步拓展学校的办学空间与地域，增强学校人才培养与行业产业的对接度与针对性。

第二节　高校本科实践教学的手段

一、实践教学的手段

（一）教学手段

1. 教学手段的本质及意义

所谓教学手段，是指师生为实现预期的教学目的，开展教学活动、相互传递信息的工具、媒体或设备。在教学过程中，学生是在教师指导下，借助教学手段认识周围世界的。

教学手段在学生的认识活动中起着重要作用：使用教学手段可以对所研究的现象或事物提供更完整、更准确的信息；可以满足和最大限度发展学生的认识兴趣；可以增强教学的直观性，从而使得某些教材容易为学生所掌握，如果不使用教学手段，这些教材是不能掌握或不易掌握的；可以强化学生的劳动，从而提高其学习教材的速度；可以增加学生课上的独立作业量等。在教学活动中，教师总是借助一定的教学手段作用于对象而实现预期目的。

2. 教学手段的分类

对于多种多样的教学手段，可以从不同的角度和侧面进行分类。

①根据教学手段的产生时间和技术水平分类。根据教学手段的产生时间和技术水平分类，可将教学手段分为传统教学手段和现代化教学手段两大类。传统教学手段是教学活动赖以存在的基本教学手段；现代化教学手段有别于传统教学手段，它还可细分为电化教学手段、多媒体教学手段和现代教育技术手段。

②根据提供信息的来源分类。根据提供信息的来源分类，可将教学手段分为视听教学手段。视听教学手段包括三种，即视觉的、听觉的以及视听结合的，它们将信息诉诸师生的视听觉，是师生获取信息的主要来源，以及实际操

作的教学手段。这种分类揭示了各类教学手段向学生提供信息的来源，便于教师在教学中根据实际需要选用不同的教学手段。

③根据所传递信息与现实事物的关系分类。根据所传递信息与现实事物的关系分类，可将教学手段分为真实性教学手段（实物、现场、标本等，它们所传递的是该事物的全部特性）、模拟性教学手段（模型、图片、电视等，它们所传递的是经过加工和概括的信息，保留了事物的主要特征，删剔了部分非主要特征）、符号性教学手段（教科书、图表、地图等，它们所传递的是客观事物的概括反映，其信息符号与所表达的意义没有必然联系）。

④根据教学手段的常用性分类。根据教学手段的常用性分类，可将教学手段分成周围环境中的各种物体，包括实物或教学专用标本；活动模型；模型；教学实验用的仪表器械；图表；教学技术手段；课本和教材；检查学生知识和技能的测试机。上述八种教学手段虽然还不完全，但都是最常用的。

（二）信息化背景下的现代化教学手段

信息化背景下的现代化教学手段是指在现代信息技术条件下，将以计算机为核心的现代信息技术（包括多媒体计算机技术和网络通信技术）运用到教学领域中的各种方法、手段的总称。它是在传统教学手段基础上发展起来的，涉及面相当广泛，包括多种工具和媒体。

1. 现代化教学手段的作用

现代化教学手段在实践教学中，实现了对教学信息资源最有效的组织与管理，它可以充分利用计算机技术所提供的多媒体、超文本等方法，充分发挥其强大的链接功能，使利用多媒体、超文本等方法表述的实践教学信息内容与学生大脑知识的网状结构相匹配，使实践教学信息内容走向形式多样化、思维立体化、交叉化和综合化，使每个学生都能根据自己的学习需求，寻找学习专业知识的切入点，并且多层次、多角度地对感兴趣的问题进行探讨分析，再把各种专业学科知识进行有机的组织和连接，最后系统掌握专业理论与方法。现代化教学手段视听形象的结合增强了感知效果，提高了教学质量。

信息化背景下利用现代化教学手段，其知识输出量的增加和教学时间的缩短提高了教学效率。利用计算机的网络特性和虚拟特性，可以使教育信息资源实现共享，使教学活动的时空限制大大减少。这对教师来说，就可以在一定的时间内，完成比原计划更多的教学任务；而对学生来说，也可以在一定的时间内，学到比原先更多的知识，掌握比原来更多的技能，从而有助于培养学生的合作精神、创新精神和促进信息能力发展的研究能力。

另外，现代化教学手段利用计算机的网络特性，有利于实现培养学生合作精神并促进高级认知能力发展的协作式学习。基于计算机网络环境下的协作式学习，主要有讨论、竞争、协同、伙伴和角色扮演等多种形式。利用计算机的网络特性，还有利于实现培养学生创新精神和促进信息能力发展的研究性学习。

2.现代化教学手段对实践教学的影响

现代化教学手段在教学中的作用及其应用所带来的问题，越来越引起人们的重视。它不仅能促进人们教育思想、教育观念的更新，而且也对教学理论和实践产生强烈的冲击和深刻的影响。

（1）对教师的影响

先进技术手段的应用，使教师从繁重的教学工作中解放出来，有更多的时间和精力从事教育科研和自身培训。这使得教师得以成为一位教育研究者和终身学习者，从而更好地发挥主导作用，面对现代教学手段对教师角色的挑战。

首先，教师要转变观念，树立正确的教育观、知识观、人才观，提高教育技术意识。应该认识到，教师是现代教学手段的直接使用者和受益者，现代教学手段的出现为教师施展才华提供了契机，如果不把握这一历史机遇，就会成为时代的落伍者。

其次，教师要积极地投入教学实践，开展现代教学手段应用方面的科学研究，不断探索，有所发现，有所创新。

最后，教师要加强自身的培训和学习，不断接受新的知识，提高运用现代教学手段的能力，完成对自己角色形象的重新塑造。

（2）对学生的影响

对学生来说，如何适应这种新的学习环境和学习模式，如何将自己已经习惯的文字学习的思维定式改变过来，如何创造性地利用新的学习形式等，就成为现代教育需要解决的问题。学生要提高认识，摆正自己的位置，从接受灌输的被动地位转变为有机会参与教学、参与操作、发现知识、掌握知识的主动地位。

教师要严格要求，加强教学管理和监督，培养学生的自觉性和自制力，注意净化社会育人环境，使学生免受负面影响。

当现代化教学手段运用于教学中，一方面会对师生的角色特征和交往时空等产生显著的积极影响，从而使师生关系表现出民主、平等、和谐的本质特色，向着新型师生关系的方向发展；另一方面，会削弱师生之间的直接交流，作为活生生的人的教师与学生之间的直接交流，其教育价值是不可替代的。

二、高校本科实践教学手段概述

实践教学各层次模块对应不同的实践教学课程，这些实践课程之间既相互独立，又相互联系。实践教学各个环节课程必须紧跟社会发展的需求，不断地调整充实其内容，才能增强实践教学各环节之间的联动性，才能从根本上提高实践教学课程的成效。对于本科高校，应该重视对课内、课外实践教学环节并重的教学圈的优化，同时利用现代化的教育手段，探索多元化的实践教学方法。

（一）课内实践教学手段

1. 实验教学

实验课程侧重对学生综合运用知识能力、分析解决问题的能力和创新思维的培养。为了提升实验教学的有效性，对于本科高校，尤其是理工类专业，在增加实验课程的学时比重时，更应注重拓展实验教学的内容。在演示实验、验证性实验的基础上，增加更多的探索性实验课程。

同时，为了突破高校实验教学时间和空间的局限性，在结合实际情况下，可开发虚拟仿真实验教学项目，将真实的案例融入教学，增强实验课程的交互性、真实性，让学生更好地将抽象的理论知识应用到实际情况中，从而提高学生的创新思维和动手能力。

2. 实习实训

实习实训课程设置主要是为了让学生将专业学科知识与现实工作情况相结合，并通过相关课程训练，提升专业能力和创新实践能力。对于本科高校来说，要集中力量去突破学生实习实训时间短、经费少、走形式化等难点，就要转变传统的"封闭式"教学理念，让企业或行业专家参与实习实训课程的设计，注重课程或教材的实践性、前沿性开发，同时参与制定学生实习实训时间安排，让学生通过学习，从根本上对以后从事的工作行业有深入了解，从而提升学生适应未来职场的能力。

3. 课程设计

课程设计是学生对主干专业课及所学知识的综合应用，是高校实现人才培养目标不可或缺的重要实践教学环节。对于本科高校来说，课程设计的题目应该侧重以问题为导向，结合学生的兴趣进行问题设计，专业指导教师应该全程参与其中。其成绩的考核方式也应该注重多元化的构成，不能单独按照课程设计报告及结果去评分，而应该将学生的知识、动手能力、团队合作能力和职业素质作为考核内容。

4. 毕业设计（论文）

毕业设计（论文）阶段是充分检验学生的专业能力、非专业能力、其他拓展能力的一个重要环节。为了提高毕业设计（论文）的质量，对于本科高校来讲，应该结合本专业人才培养目标的定位，设计出更加多元化的撰写形式，让学生获得更多的实际锻炼的机会。比如，针对理工类学生可侧重设计形式、项目成果形式、方案规划的形式等，题目选择应该更加侧重与生产项目相结合，并采用校内、校外教师共同指导、考核的形式，从而有效保证毕业设计（论文）的实践性，做到"真题真做"，展现学生真实的能力水平。

（二）课外实践教学手段

课外实践教学环节即第二课堂，是对课内实践教学环节的重要支撑和有效延伸，已经成为高校人才培养的重要环节。其课程设置的目的在于让学生由封闭的课内教学走向开放的实际生产劳动中去，通过锻炼，强化学生的创新能力和综合运用知识能力，增强学生的就业竞争力。其主要内容分为创新实践环节、社会实践环节两个部分。

1. 创新实践环节

创新实践环节主要包括各类竞赛、创新创业等项目。这些项目就是在指导教师的帮助下，由学生自主完成相关项目的方案设计、数据处理和分析，独立撰写相关的实验报告等。通过这种"以赛促学"的教学活动模式，可以较好地培养学生的竞争意识、团队协作能力，是全面检验和培养学生综合素质的重要手段。对于本科高校来说，要做好创新实践环节的管理工作，应该充分利用校内、校外资源，构建更加科学、合理的长效机制，以保证实践教学环节的顺利畅通进行。

2. 社会实践环节

在目前我国就业压力大的情况下，社会实践活动显得尤为重要。学生通过参与社会实践教学活动，可以更加深入地接触社会，让自己的专业知识、沟通技能等得到很好的磨炼，对日后职业规划和发展的作用非常重要。

目前，对很多高校而言，社会实践虽然取得了一定的成效，但是还存在社会实践科学化水平不够，如活动内容缺乏创新、流于形式等问题。本科高校应开展更加多元化的实践教学活动，充分调动学生参与社会实践活动积极性。比如，可以利用社会热点问题，通过学生校园评选的方式，推选出学生感兴趣又符合社会需求的社会实践项目。另外，学校应该加强与学生、接受单位等主体的沟通交流，及时了解学生参与活动的现状，并帮助学生解决实践中遇到的问题，从而提高社会实践的有效性。

（三）探索多元化实践教学方法

在当前全面深化实践教学的改革中，本科高校的实践教学课程设置、教学内容的安排要对接职业和岗位需求，就必须尽快将实践教学方法由单一化向多元化进行转变，将"教、学、做"相统一的理念深入融合到实践教学方法中，并针对不同的专业课程，选择合适的实践教学方法。

1. 情景教学法

情景教学法，即在教学中，建立一种易于学生接受、坦诚的模拟现实学习氛围，以促进学生的互动和参与。这种教学方法，是利用信息技术、智能技术与实验实践教学课程进行深度融合，让学生在真实的场景中，通过在线操作，学习教学相关内容。通过这种学习方法，可以增强学生对抽象理论知识的感性认知，从而消除学生书本知识与现实实物之间的隔阂。例如，虚拟仿真实验教学项目就属于此种类型。

2. 问题教学法

问题教学法，即教师根据教学内容中的知识重点或难点，科学地设计问题，通过师生的互动，启发学生敢于和善于提问，让学生将理论知识与实际相联系，解决学生认识上的错误和模糊观点，进而提高学生发现问题、解决问题的能力。

3. 直观教学法

对于实践教学来说，信息化手段最大的优势是将难以理解的知识点用动画或视频演示出来。在实践教学科目中，一些知识点在一定的程度上是枯燥乏味、难以理解的，然而动画则不同，比如动画模拟可以将机械原理与操作这种比较"死"的内容变成"活"的内容，使其更加生动直观地表现出来，从而使学生更容易掌握。例如，在实践课教学中遇到连杆与滑块的知识点讲解，老师可以在网上收集一些与连杆机构相关的视频内容，让同学们更加形象地理解系统工作的过程。

4. 任务驱动教学法

任务驱动教学法是一种建立在建构主义学习理论基础上的教学法。它可以将实践教学任务或真实项目任务分解给学生，让每一位学生在项目中保持学习状态，并能根据自己对当前问题的理解，运用共有的知识和自己特有的经验提出方案、解决问题。通过这种教学方法，可以让学生巩固相关理论知识，同时提升解决专业问题的能力。

5. 理实一体化教学方法

理实一体化教学，即理论实践一体化教学法，是打破理论课、实验（实训）课的界限，将理论教学、实践教学集中安排在实验室或实训车间进行，师生通过互动的方式，边学习、边做，理论和实践交替进行，从而充分调动和激发学生学习兴趣的一种教学方法。通过此法，可以达到培养和提高学生动手能力和专业能力的目的。

第三节　高校本科实践教学体系的构建

一、高校本科实践教学体系概述

本科教学是由理论教学体系、实践教学体系、素质教育体系这三大体系构成的一个有机统一的整体。实践教学体系是应用型本科教育的核心，决定着人才培养目标的实现。构建一个完整、科学、合理的实践教学体系，是应用型本科高校实现人才培养目标的根本保证。

（一）体系与实践教学体系

对于"体系"，《辞海》是这样解释的："体系指若干有关事物互相联系、互相制约而构成的一个整体，如理论体系、语法体系。"体系与系统是一个意思、两种提法，在英文中都译为"system"。

"系统"一词，出自古希腊语，是由部分构成整体的意思，指由若干要素以一定结构形式联结构成的具有某种功能的有机整体。系统之间不是相互孤立的，而是互相联系的，所以又可以把"系统"称为"体系"。

实践教学体系的概念有广义和狭义之分。广义的实践教学体系是指由实践教学活动的各要素构成的有机联系的整体，具体包含实践教学活动的目标、内容、管理和质量保障等要素。狭义的实践教学体系则是指实践教学内容体系，即围绕专业人才培养目标，在制订教学计划时，通过合理的课程设置和各个实践教学环节的合理配置，建立起来的与理论教学体系相辅相成的以实践为显著特征的教学内容体系。

（二）实践教学体系的特征

实践教学体系基于专业课程体系，既具有与技能训练有着密切联系的特点，又具有同理论课程教学保持同步性、融合性的特点。但它并不等同于纯理论教学，而是具有相对独立、自我组织、自我调节的特性，是一种具有现代意义的实践技能体系。符合现代高等教育发展规律的实践教学体系一般具有以下特征。

①科学性。实践教学体系的科学性，是指实践课程设置、实践技能训练方案要充分体现科学性的特点，并使课程技能训练与专业技能训练的设计做到有机统一。

②有机性。实践教学体系的有机性，是指课程技能训练体系与专业技能训练系统的设计要具有自我组织、自我调节的特性，成为一个系统的、相互关联的整体。

③和谐性。实践教学体系的和谐性，是指课程的必备基础、专业技能训练是深化课程技能训练的强大母体，两者在和谐统一中相互促进、共同发展。技能训练体系与专业技能训练体系要做到和谐统一，互相促进。

（三）实践教学体系的构成要素

根据系统论的原理，实践教学体系是一个系统，该系统包括实践教学目标体系、实践教学内容体系、实践教学管理体系和实践教学保障体系四个子系统。每个子系统又包括若干项目，构成一个多层次的、多样化的、动态的实践教学系统。在这个系统中，目标体系是核心，起驱动作用，决定了内容体系、管理体系和保障体系，而内容体系起受动作用，管理体系起信息反馈和调控作用，保障体系则是影响实践教学效果的重要因素。

1. 实践教学目标体系

实践教学目标体系是各专业根据人才培养目标及培养规格的要求，结合专业特点制定的本专业总体及各个具体实践教学环节的教学目标的集合体，是实践教学应达到的标准。这些目标主要包括基本素质能力目标、专业基础能力目标、专业岗位能力目标及创新能力目标。在整个实践教学体系中，目标体系是核心，它在一定程度上决定着其他实践教学子体系的内容和结构，在整个实践教学体系中起驱动作用。

2. 实践教学内容体系

实践教学内容体系是实践教学目标任务的具体化。它一般根据对本科院校毕业生所面向的岗位群进行职业能力分析，以技术应用能力培养为主体，按基本素质能力培养模块、专业基础能力培养模块、专业岗位综合能力培养模块和创新能力培养模块循序渐进地加以安排，将实践教学的目标和任务具体落实到各个实践教学环节（主要有实验、实习、实训、课程设计、毕业设计、创新制作、社会实践等）中，从而使学生在实践教学中学到必备的、完整的、系统的应用技术和技能。

3. 实践教学管理体系

实践教学管理体系是管理机构和人员、管理规章制度、管理手段和评价体系的总和。这其中既有管理机构、管理人员、被管设备等的管理硬件，也有各实验、实训场地的管理制度以及实验、实训效果的评价指标体系等的管理软件。实践教学的管理与理论教学管理相比，所涉及的物质设备多、场地差异大、教学过程复杂、调控难度大。因此，要保证实践教学的质量，必须建立起完善可靠的、"软""硬"结合的实践教学管理体系。

4. 实践教学保障体系

实践教学保障体系由师资队伍、技术设备设施和实践环境等必要条件所组成，是影响实践教学效果的重要因素。在师资队伍上它要求教师既要熟悉生产、建设，有较强的实际操作技术、技能；又要熟悉理论，有较高的理论教学水平。在技术设备设施和实践环境上，它要求有较完备的、较先进的、与社会实际相接轨的技术设备设施和仿真性较强的实践教学环境。

二、高校本科实践教学体系构建的原则和突破点

（一）高校本科实践教学体系构建的原则

1. 系统性原则

现代社会对高素质应用技术型人才的要求包括知识、能力、素质三个方面，三者缺一不可。而高校本科作为向社会输送此类人才的主体，在构建实践教学体系时要紧紧围绕着这三个方面，以应用能力和综合素质为核心，使各个组成部分相互协调、相互配合、相互补充、相互促进。体系构建还要考虑到教育教学规律，全面掌握受教育对象的学习特点，遵从简单到复杂、基础到综合的顺序，分阶段、分层次进行。另外，实践教学体系服务于应用技术型人才培养方案，因此要自觉按照方案的总体规划构建，形成系统性。

2. 以学生为本原则

以人为本是现代社会一个重要理念，而教育作为"促进社会发展与完善的崇高事业"，自然要严格贯彻、体现这一时代理念，切实做到以学生为本。高校本科大多伴随高等教育大众化而产生，随着学校规模的扩大，学生群体出现了多样化趋势，学生学习能力、学习兴趣等方面的差异也日益显现。因此，尊重学生个体差异，满足不同学生群体的学习需求就成了培养应用技术型人才的

关键，也是提高实践教学质量、构建完善实践教学体系的保障。

高校本科构建实践教学体系时，应该全面了解受教育对象的个性、能力差异，并且将这些学生群体按照一定的标准划分为几大类，因材施教。另外，坚持以学生为本原则，还要求高校本科在实践教学中以全面提升学生综合素质为目标，按照学生差异化的需要设计多层次的教学内容，完善教学环节、丰富教学方式方法。

3. 特色发展原则

对于高校本科院校来说，最重要的就是在办学中体现出自身特色与优势。而结合学校人才培养方案与内涵式发展道路，最能彰显特色的就是实践教学。本科院校坚持特色发展原则就是要"围绕学校的人才培养特色、学科专业特色和服务面向特色等因素综合考虑"，"充分挖掘学校自身的资源优势并利用学校外部的资源优势"。在实践教学内容的选择上要强化优势项目、优势学科，把优势培育成学校特色，在课程实践、专业实践、社会实践的基础上不断更新教学内容，探索新的实践教学方法。

4. 适应地方经济发展原则

地方经济的转型升级需要大量具有技术应用能力和技术创新能力的人才，而高校本科的办学资源大多依赖地方，因此就要立足于当地区域，并积极创造条件融入地方经济发展，为地方输送急需的专业性人才。在构建实践教学体系时，本科院校要考虑到适应地方经济发展需要，科学制定目标任务要求，给学生搭建多样化锻炼平台，"着重培养学生'将理论转化为技术、将技术转化为生产力'的能力"。针对区域地方的产业结构调整，本科院校要适时改革实践课程，并随之优化教学方式方法，与地方经济发展对接，通过实践教学做好教学、生产、科研的结合，为地方经济发展注入新鲜"血液"。

（二）高校本科实践教学体系构建的突破点

1. 突破传统思维模式

科学合理的实践教学体系就是科学合理的实践能力养成体系，这种实践能力养成体系是与专业课程体系相对应的。多年来，培养学生技能的实践教学或被实验教学取代，或被见习实习取代，很少有人把专业技能的训练作为一个有机整体来对待。因此，学生接受的大多只是为单一教学任务的完成而进行的零散的碎片式的技能训练，没能把单一课程技能训练纳入专业技能训练的有机整体。而科学合理的实践教学体系要求人们把与专业课程体系中相对应的单一课程技能训练纳入专业技能训练的有机整体。这就要求人们突破传统的思维模式，不为训练而训练，而要把零星分散的单一课程技能训练整合起来，并把它们作为一个有机整体来建设。这样，课程技能与专业技能就辩证地统一起来，并在相互促进中螺旋式攀升，即课程技能的训练促进专业技能的形成，专业技能的形成又促进课程技能的深化。

2. 突破技能训练界限

课程技能训练是由所有承担专业课程任务的部门、个人共同完成的。由于课程技能训练是专业技能训练的有机组成部分，因此，需要加强所有承担课程技能训练任务的部门、个人的协调与合作；需要建立切实可行的操作方案，明确目标、指标及各自的职责、任务；需要健全制度、措施，建立长效的监督约束机制，由此形成一种人人有任务、个个有指标，各部门行动、全方位参与的技能训练机制。

要突破技能训练的时间区间限制，创建长流水、不断线的全学程持续运作体系。要根据课程设置、课程体系的有机性，把技能训练贯穿于学生学习的全学程；要认识到技能训练的共时性、历时性特点，形成技能训练的阶段性、连续性方案；要把专业技能的养成，分解到单一课程技能的训练中，使技能训练既有时间维度，又有空间维度；要加强对训练方式的研究，把单项分散训练与集中强化训练结合起来等，真正构建一种科学合理的实践教学体系。

3. 转变教学观念

构建实践教学体要实现观念方面的突破，淘汰落后的观念，与时俱进，实现观念的转变、创新。

首先是教师观的转变。传统的教学理论过于强调教师主导作用，忽视学生能动性，学生的创新思维以及通过亲身实践获取知识的积极性受到钳制，个性和能力的发展受到压制。而与此相较，在"实践中心"导向下的教学理论中，教师所扮演的角色就发生了转变。教师不再是纯粹的"知识掌控者"，对知识不再具有垄断地位，学生具有建构自身知识的权利，能够在实践活动中积累经验，构建自身知识结构体系，教师可以仅仅在学生需要指导时给予帮助，扮演"学习促进者"角色。

其次是学习观的转变。认知理论学习观引导下，学习更多的是一种发生在学生内部的认知活动，学生主要是进行一些文字、符号层面的理论知识学习，而实验、实践内容只是作为辅助。于是，学习理论研究的重点也不得不随之发生变化，由认知向情景转变。情景理论注重社会现实，它认为认知能力培养虽然很重要，但是如果与社会实践脱节，就是虚无缥缈、毫无用处的，所以主张学习要通过实践来进行，个体知识结构要与外在环境适应，保持不断更新。

最后是课程观的转变。传统的课程观以学科课程为代表，在很大程度上带有预设性意味，这时候的课程内容被细化为具体学科，形成一套套自成体系的理论，教学按照学科进行。学科课程的理论性也滋生了重理论、轻实践的弊端。高校本科作为培养人才的院校，传授学生理论知识固然重要，但更应该培养学生实践能力、创新能力，因此实践课程就显得更加重要。实践课程强调教学内容的生成性，主张师生在具体实践活动中对话、交流，通过一系列实验、实习等实践教学环节来掌握知识、技能技巧，强调通过行动来建构经验体系。在实践导向课程观下，教学是师生之间平等的对话，它尊重学生的兴趣和能力，接纳冲突和矛盾，寻求多样性的观点。

4. 构建实践能力培养的有机整体

科学合理的实践教学体系有助于培养学生的实践应用能力，而高校本科没有一套成熟的体系，在很大程度上制约了对学生实践能力的培养。究其原因，主要是理解实践教学的内涵时沿袭了传统思维，仅仅从教学活动层面来把握，而没有将其作为一种教育理念。如果将实践教学仅作为一种教学活动，其内涵就有所缩小，仅仅包括实验教学、见习实习等一系列教学环节。当实践教学作为一种教育理念贯穿于教学全过程时，蕴含这一理念的各种教学形式、教学活动、教学环节以及教学手段等，就构成了实践教学的外延。

5. 创建全面参与实践能力训练机制

首先，要突破时间限制，创建长流水、不断线的全学程实践能力训练体系。对新建本科院校来说，培养学生应用实践能力是一个持续过程，只是在每个阶段对学生能力培养的侧重点有所不同。要认识到能力训练具有历时性特点，在制订训练方案时按照基本技能、专业技能、综合与创新技能这一顺序统筹安排，使能力训练划分为不同阶段并能连续起来，贯穿于学生学习的全过程。

其次，要突破空间限制。对内要实现全员参与学生应用实践能力培养，对外要把整个社会资源纳入进来。在学校内，要打破部门分割、各自为政的桎梏，加强承担实践教学任务部门、人员之间的协调合作，建立切实可行的实践教学运作方案。要健全制度措施，建立切实有效的监督约束机制，明确各自的目标、任务和职责，形成一个人人参与，各部门协调行动的实践能力训练机制。

三、高校本科实践教学体系构建途径

（一）调整和完善实践教学目标体系

实践教学目标体系是实践教学体系中最核心的一部分，在整个实践教学

体系中起引领驱动作用。对于本科高校来说，实践教学目标的调整和完善应该充分考虑毕业生就业情况达成度，侧重对学生通识能力、专业能力、创新能力、职业能力等综合素质的培养，并制订出相应的实践教学计划，统筹安排其实践课程内容等，这样才能培养具有更强创新精神和实践能力的高素质应用型人才。

1. 强化通识能力

通识能力指的是在不同学科领域、不同行业和职业中均需具备的基本能力。通识教育侧重培养学生独立思考能力、学习能力等。通识教育是对培养学生实践教学专业能力的一个很好补充，但是对于当前毕业生就业能力分析，传统的通识教育，如数学、计算机、外语等课程已经不能完全满足学生就业竞争力的提升。对于本科高校来说，应该侧重对通识教育素质实践课程的重视程度，去培养对不同学科有所认识并能独立思考、融会贯通的"健全人"。

2. 加强专业能力

专业能力是在具备了通识能力的基础上，深入学习本专业的学科基本理论、基本知识，并将其运用到对应的专业基础及专业实验、实训、课程设计、认知实习、专业实习等课程中。专业能力的培养是实践教学的重要目标，为了更好地实现学生专业能力的培养，就应该充分发挥专业实践课程学时多的特点，并将其教学内容与实际工作情况紧密联系，注重专业能力培养的有效性，使学生得到更多专业能力训练，为今后进一步学习其他专业知识打下一个坚实的基础。

3. 提升创新能力

创新能力是通识能力和专业能力培养的一种提升，通过参加专业实验、毕业实习、毕业设计（论文）及各类竞赛活动，学生的创新精神和创新能力可以不断被激发。当前，用人单位需要具有创新精神和创新能力的人才，而培养这类人才最重要的途径一直就是高校的实践教学。高校作为实践人才培养的中枢单位，应该出台并改革创新人才培养方式，形成学生、教师、行管人员等全员参与格局，为广大学生搭建起一个良好的创新实践平台。

4. 重视职业能力

社会在不断变化，人才岗位的要求也在不断变化。人才对岗位的适应都有一个实践和认识的过程。为了培养出更能尽快适应岗位需求的人才，提高毕业生的就业率，学校应该重视对学生在校期间职业能力的培养，提高对就业指导和大学生职业规划与人生发展等课程的重视程度。从入学前、入学后、学生学习结束这几个阶段去设置相应的就业指导课程，可使学生在毕业前获得更多的实践锻炼机会，从而增强就业能力。

（二）优化实践教学内容体系

优化实践教学内容体系，可从以下几个模块进行。

1. 基础能力训练模块

基础能力训练模块主要通过具体的课程实验和工程实训进行，该模块设立的目的是培养学生理论联系实际的意识和简单实践操作的能力。

①课程实验。某一门课程的实验教学，一般在学校各院系的实验室进行。课前教师可以带领学生参观认知实验室，对该课程专业领域的应用先进行直观认识。由于课程实验大多数都是验证性试验，因此指导老师还应该增加一些设计性试验，让学生根据要求进行实践操作。对于实验步骤和要求，实践教师应该着重强调，严格要求，实验完毕后必须要求学生撰写实验报告。通过这个过程，学生可以在实验操作中用科学的方法去发现问题和解决问题，把课本中的基础理论转化成实践操作。

②工程实训。工程实训是学生在学校工程训练中心或校外实践基地开展的实践活动。工程实训的目的就是让学生掌握某一门专业课程所要求的技术能力。实训过程中学生可以通过计算机模拟仿真、专业课程实践操作等来训练。

2. 职业能力训练模块

职业能力训练模块主要培养学生三大能力中最重要的专业能力。该模块可以通过毕业实习、毕业设计和就业见习等环节进行，主要依靠学生的专业背景开展，不同的专业按照将来就业岗位的需求进行相应的专业技能训练。职业能力训练的目的是培养学生日后可以胜任某一具体工作的专业技术。对学生进行职业能力训练不仅可以夯实专业知识基础，为他们日后的就业做准备，还能为培养其创新能力打下基础。

①毕业实习。毕业实习是大三大四即将毕业的学生进入和自身专业领域相关的企业或学校进行实践实习。该环节的目的是让学生在具有一定专业理论的背景下进入企业或学校实地进行生产实践活动。在实践活动中，学生是在企业具有丰富经验的技术人员和学校高级职称的代课教师的带领下开展实习活动。

②毕业设计。毕业设计是为了让学生把在学校所掌握的各门课程的基础理论和专业实践技能综合地应用到实践中，开展的严格、系统的专业技术及基本能力的训练。让学生对自己本专业领域的课题做较为深入的研究，可以提高和加深学生的专业基础，使学生可以熟练地运用自身掌握的基础理论体系，独立破解实践过程中出现的问题。

③就业见习。就业见习是各级政府的人力资源社会保障部门安排毕业离校

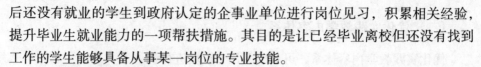

后还没有就业的学生到政府认定的企事业单位进行岗位见习，积累相关经验，提升毕业生就业能力的一项帮扶措施。其目的是让已经毕业离校但还没有找到工作的学生能够具备从事某一岗位的专业技能。

3. 创新能力训练模块

创新能力模块的训练可以通过社会实践、学科竞赛、科技创新团队、自主创业等环节进行。该模块主要是培养学生在具备职业能力的基础上，结合自身专业实际，通过处理一些生产问题，总结经验规律的能力。创新能力是学生所要掌握的能力里最重要的能力。创新能力的培养不仅要在校内进行，还必须走出去进入社会进行。这样不仅可以让学生更深层次地了解社会，还可以在社会实践活动中锻炼其吃苦耐劳的精神。

①社会实践。社会实践是在学校寒暑假期间或上学期间，安排部分学生到社会中或校外实习基地参加的实践活动。社会实践主要有社会调查、义工、支教等，学生可以选择和自身专业背景相关的实践岗位进行拓展训练，培养自己吃苦耐劳、实事求是的精神素质。经过社会实践，不仅可让学生真正了解到真实的社会现状，增强学生的主人翁意识和使命感，也可以磨炼学生的社会生存能力。

②学科竞赛。学科竞赛是训练学生智力能力的一种特殊考试方式。学科竞赛考查的内容一般都超出课本知识范围，对学生的知识量和知识掌握熟练度要求很高。学科竞赛可以锻炼人的智力和意志，培养学生对该专业的兴趣，让学生学会自主思考，拥有独立解决问题的能力，为培养创新能力打下基础。

③科技创新团队。高校应该集结校内知名专家教授成立科技创新团队，团队由相关专业领域的专家教授作为学术带头人，各个专业的教师和优秀的学生加入其中。团队在学科专家教授的带领下可以充分利用学校的优质资源，为学生搭建科研平台，创造民主的学术环境和浓郁的合作氛围，激发学生的创新欲望。

④自主创业实践。自主创业实践不仅可以解决学生未来的工作问题，也是锻炼学生开拓进取精神的一种有效方式。高校应当鼓励学生积极自主创业，并在学生的自主创业中给予一定指导和扶持。高校还应当加快健全学生创业的管理体制，为学生自主创业构建完善的创新创业指导体系，逐步加强创新创业指导教师的队伍建设，为学生搭建创新创业的平台。高校也可以联合政府部门为毕业生提供创业项目和扶持资金，使学生在实践过程中不断探索提高自身的创新能力。

（三）健全实践教学管理体系

实践教学管理体系是整个实践教学体系中最关键的一个环节。在新的环境形势下，实践教学的管理体系不能一成不变，其运行模式应该顺应当前时代的发展。对于本科高校来说，应该将自身的特色和实践教学相结合，从实践教学管理的制度、执行和监督出发，构建一套相对成熟的、便于操作的实践教学管理体系运行模式。

1.加强实践教学过程管理

（1）确保实践教学按时实施

实践教学牵扯很多因素，涉及诸多方面，如国家方针政策、学校的相关制度文件、企业的用人标准、学生自身的发展需求等。各本科院校，为了达到培养应用型人才的教学目标，必须协调好各方面因素。首先，要保障实践教学的有序进行，按照教学计划来规划实践教学的教学时间、教学场地以及涉及的学生。其次，在严格执行培养方案的前提下，修订实验教学大纲、实习大纲，并根据大纲要求，拟定实验教学计划、实习实施计划，职能部门、教学单位、实习单位协商审定实施计划。

（2）合理设计实践教学环节

本科院校应该根据各专业特征和实践教学培养目标确定实践教学的方向，确定实践教学的各项环节。要设置专业实践课程来提高学生的实践水平和专业技术水平，设置专业素质教育实践课程来培养学生的专业素养并提高学生的职业道德水平。具体而言，可通过科学实验、创业活动等活动来提高学生的创新创造能力，通过参观企业生产基地和亲身参与企业生产实践来提高学生对该专业的认识，设置实训、实习、毕业设计等活动提高学生的实践能力，通过科技竞赛、专利申请、拓展活动等形式培养学生的专业意识和匠人精神。本科院校还要根据本校的人才培养目标和各专业特点，科学合理地分配教学资源，利用好社会资源、企业资源和学校资源，不断发展完善实践教学体系，培养学生的实践能力职业技术水平和基本职业道德。

首先，要协调好教学课堂和实践实训课堂的关系，把专业基础知识的内容运用到专业实践中，在实践实训基地培养学生专业的认识和技能，适度增加实验课程和学生动手实践的比例。在此基础上，还要引导、支持、鼓励学生参加各项专业技能大赛、创新创业大赛等，培养学生的协同合作能力、沟通水平、组织协调能力、人际交往能力等。

其次，要构建好企业实践平台与学校实训平台的互补关系。在企业参加技能实践是大学生提高自身专业技能的重要渠道，是大学生增强社会认知的重要方式。各本科院校应积极促进企业实践平台和校内实训基地的相互融合，开展多种形式的实践活动，加强企业的影响力，增强校内实训基地的利用率。

与此同时，本科院校还应探索建立创业园区、创业示范区、创业中心、创业孵化器、众创空间等平台，激发大学生的创业热情，为大学生创新创业提供多元化的实践锻炼平台。

（3）保证实践教学质量

本科院校在进行实践教学制度构建的同时，需要结合地区和本校的特点采用不同的管理方式。宏观方面，学校可以规划实践教学的具体计划目标，保障实践教学硬件设施建设有序进行，如实验室、实训基地以及实训基地设备。同时，可以建立完善的社会实践教学保障体系，完善对实践教学的监控、检查、指导与协调。

各二级院系需要设立专门的教学组织，对实践教学的各个环节进行组织和管理，并根据不同专业的特征设置实践教学的教学内容，保障实践教学的具体实施。实习前要做好充分的动员工作，做好详细的计划。实习期间要落实好计划，并且要做到定期检查。实习结束之后要有相应的考核制度，做好实习总结。对实践教学毕业设计和毕业论文等总结性文件要同样的重视。

（4）总结验收实践教学

每个环节之后的总结验收是整个实践教学质量的保证。各个部门要从不同的侧面进行总结和反思，考核各个环节的运行情况，随时监测是否达到了目标要求。

对实践教学的成果进行验收，如开展优秀实习报告展、实验作品展、专业技能大赛、科技创新大赛以及优秀毕业设计等活动，一方面可以更有效地验收学生实践教学的成果；另一方面还可以为学生提供锻炼和展示自我的平台，提高学生参与实践教学的兴趣，巩固实践教学成果。

2. 推进实践教学信息化建设

高校的实践教学管理内容多而庞杂，必须借助科学的信息化管理手段，才能更好地构建实践课程服务平台，进而做到对实践教学全过程的跟踪管理，从根本上保证实践教学的高效率管理、高质量发展。

（1）加大信息化宣传和培训力度

实践教学管理的主体是教务处负责实践教学人员和学院实践教学管理人员。应该提高他们的信息化水平，不断强化信息技术与教学管理的深度融合，并不定期地组织实践教学管理人员参加与实践教学相关的信息化交流、研讨和培训，让他们及时转变观念，从思想上提高对实践教学信息化的认识，运用信息化管理手段，提高工作效率。

（2）完善实践教学综合管理平台

高校的实践教学管理是一个庞杂的体系，包括实验实训开放、实验实训教学、实习、毕业设计（论文）及各类竞赛等模块。在高等教育快速发展的大背景下，本科高校要加快发展步伐，在实践教学综合管理平台下启用一体化或者个性化的实践课程项目模块。这些模块从计划制订、任务下达、过程监控、成绩管理、评价等环节形成一个完整的流程化的管理模式，实现相关数据的电子化、无纸化存储，使学校、学院、教师与学生之间达到真正意义上的实践教学信息资源共享，避免了在传统管理模式下的"信息孤岛"，促进了实践教学工作效率，提高了管理人员信息化水平，进而提升了实践教学质量。

（四）完善实践教学条件保障体系

实践教学的条件保障体系为保证实践教学目标、内容、管理各个环节正常运转，全面提高学生的综合素质，逐步提升学校的本科教学质量提供了有力的保障条件。对于本科高校，做好实践教学的资金筹措、教师队伍建设、校企协同新模式创新，才能保障实践教学每个环节有效实现，保障实践教学开展效果。本书认为，要达到此目标应该从以下几个方面来加强建设。

1. 增加实践教学经费投入

学校实践教学经费投入是保证实践教学各个环节高效、优质发展的前提条件。在国家大力推进区域经济协调发展的历史机遇下，地方政府高度重视本区域的高等教育事业，逐步完善地方高校的经费投入总量。但是，根据实际情况看，高校的实践教学经费投入仍然不足，应该通过以下几个方面去改善。

（1）完善教学经费财政投入机制

高校教学经费的多少直接关系实践教学活动的质量。地方高校的可持续发展需要各级政府在诸多方面的支持。

一方面，政府应当根据经济社会发展趋势与高校的需求变化，及时为高校的发展提供相应的政策支持，使高校的人才培养符合当前社会需求。

另一方面，政府部门或其他管理机构应在拨款、税收、土地等诸多方面，加强对高校的优惠政策支持，为高校、企业间做好枢纽工作，这样有利于更多社会资金不断投入高校教学。

（2）加强社会资金投入有效引导

我国大多数高校已经形成了多渠道筹措教育经费的格局，这样可以有效缓解单一主体所造成的高校教学经费投入不足的局面。但是对于地方高校来说，主要还是依靠财政拨款。

基于这个现状，地方高校应该在保证生均拨款的基础上，进一步提高学校的整体竞争力，把握财政拨款"扶强、扶优、扶特"的政策导向，争取更多的社会专项教育经费，用于实践教学等环节发展。此外，学校和学院承担实践教学的部门，应该充分发挥自身特色学科优势和服务地方的优势，积极寻求与校外企业或行业的合作，通过与校企共建实验室等方式，大力推进产教研的深度融合。

（3）加强实践教学经费管理

学校应该重视对实践教学环节经费的投入力度，在教学经费整体紧张的情况下，统筹安排，逐年从教学经费的分配比例上增加实践教学经费的投入比例，尤其是实习实训环节的投入比例。学校承担实践教学的部门应该根据各专业人才培养方案制订的教学计划安排，加强对实践教学经费的评价与评估，并结合不同学科专业的教学发展需求，按需调配相关经费，定时地投入各专业的实验、实习实训等实践教学活动。

2. 建设实践教学师资队伍

教学效果在很大程度上受教师队伍整体水平制约，本科院校若要提高教学质量、优化教学效果，就必须采取多种措施努力建设一支与其自身发展定位相符，且整体具备较强理论素质与实践素质的"双师型"师资队伍。

（1）提高实践教学教师地位

与国外应用技术型大学相比，本科院校实践教学缺乏严格要求与合理指导，实践教学教师，尤其是实验教师仍然被视为教学辅助人员，并没享受到理应待遇，这就难以将高水平人才引进实践教学队伍，造成教学质量提升困难。因此，首先必须提高实践教师地位，给予其充分的尊重与信任，为其营造宽松、稳定、人性化的工作环境，使其心舒气畅、安心踏实地在实践教学岗位中充分发挥自己的才能；其次要建立公平的职务晋升以及竞争机制，让实践教师看到在实践教学岗位上有远大的事业发展空间。另外，学校还要在待遇以及日常生活中给予实践教师关心，做到"待遇留人、制度留人、事业留人、环境留人和感情留人"。

（2）加强在职教师培训

本科院校要加大教师实践技能培训的经费投入，并且制定科学的培训规划，加强培训力度。要有计划地组织教师到企业行业参观学习，参加实践教学的学术论坛以及经验交流会，"经常参加学校与社会联系的各种活动，以获得经济发展的最新信息"。同时，还要邀请企业、行业组织的专家或者在生产一线工作并且具有丰富经验的技术人员来学校讲学，对在职教师开展相关培训。

（3）鼓励教师获得相应职业资格

作为培养应用技术型人才的专业人员，教师自身要拥有较强的专业技术，因此必须有相关行业的职业资格。本科院校要制定有关政策，鼓励教师获取职业资格认证机构颁发的资格证书（如会计专业教师获取会计从业或注册会计师资格），在职称评比时将高水平职业资格证书作为一个重要指标。对于教师考取资格证书所用费用，学校要给予相应补贴或者报销。

（4）鼓励教师在企业中挂职锻炼

校企双方合作时可以签订相关契约，明确规定各自权利与义务，学校可以有计划地分批选派教师到企业中挂职锻炼。教师在挂职期间可以直接参与实践，了解企业生产实际，及时掌握生产工艺，参与具体项目的调研、分析、处理，针对生产管理中具体问题开展科学研究。

搭建校企合作平台或者以科研项目为依托开展与企业的产学研合作，以这些具体形式来密切本科院校与企业的联系，可以使教师更好地深入企业生产管理一线，了解科学技术发展最新动态，完善实践知识技能结构。经过企业的挂职锻炼，教师不仅能够获得自身专业发展，还能将社会发展的新需求、新技术及时补充到教学中，从而促进教学改革、课程建设。

（5）做好专兼职教师引进

学校专职教师引进时要明确引进标准，将"双师型"教师作为参照，重视引进或柔性聘用具有行业背景与学术经历的"两栖人才"，努力将具有较强理论素养和较高实践技能的人才聘请到学校，引进到实践教学队伍。除了专职教师聘请外，还要结合对"在校学生数量、师资力量等方面的分析，确定聘任兼职教师的数量、要求以及面向的职业"，然后制订详细的引进计划。

另外，区域高校还可以在当地教育主管部门牵头下，积极响应，联合地方多家企业及行业组织，从中推选热心教育的技术能手、工程师、管理人员，加盟成立"区域兼职教师资源库或兼职教师协会"，通过资源库来缓解兼职教师聘请难的困境，实现区域内优质资源共享、协同共进的良好发展局面。兼职教师大多为技术能手或者优秀管理人员，虽然具备充足的实战经验但缺乏教育教学技能。本科院校可以开展教学观摩课、教学经验座谈会等，提供形式丰富、内容多样的教学培训，使其掌握基本教育规律、教学要领，熟练运用现代化的教学仪器和设备，从而更好地将生产管理中的新技艺顺利地教授给学生。

（五）强化实践教学质量评价体系

实践教学在本科高校教学中占有重要的地位，其教学效果直接反映出学校实践教学质量的高低。为了提高高校实践教学质量，必须科学建立实践教学质量评价体系并有效实施，进而彻底改变目前实践教学考核虚化的现象，提升实践教学的有效性。

1. 制定实践教学质量评价标准

实践教学内容覆盖了多个层次和多项课程，包括教师、学生、教学管理者、企业、用人单位、服务、师资水平、基础设施、实习实训环境等。但是，目前实践教学质量评价标准还不全面，实践教学全过程的质量标准还处于逐步完善的阶段，有些教学环节已经制定了教学质量标准，但其科学性还需在实践中不断检验。因此，应该从以下几个方面去完善评价标准。

（1）强化评价内容全过程化

实践教学内容是随着教学实施主体、评价主体以及其他教学资源动态发展的。因此，要完善实践教学评价标准，不仅要重视实践教学结果评价，更应该注重对教学全过程的评价。这个标准应该在符合学校实践教学目标的基础上，立足于实践教学基本规律，对实践教学主要环节的组织管理、教学过程、教学效果制定更加科学、合理的评价标准。

（2）注重学生学习过程评价

由于应用型本科高校的学科分类广泛，实践教学对专业人才培养目标也是不尽相同。因此，对学生的考核评价标准应该有所区别与侧重。在实践教学考核过程中，不能仅仅将完成一份实践报告作为考核结果，而应该以学生成果产出过程作为考核中心，同时关注学生在实验、实习实训、课程设计、毕业设计（论文）、社会实践等方面的学习体验，将学生参与实践教学过程中的多个观测点纳入考核评价指标。

（3）加强实践教师考评力度

实践教师指导学生实践教学过程中的态度，直接决定了学生在实践教学过程中收获多少关键因素。所以，实践教学在考核学生的同时，也应加强对实践教师的课堂教学评价。这个评价可以分为课堂现场教学评价和课后总结性评价。

学生可以通过问卷星等调查类 App 对实践教师课堂给出及时评价，在一门课程结束后，让学生对实践教师进行总结性评价，这样实践教师就可以通过学生对实践教学效果的反馈，对自己的课程设置和教学水平有个比较全面的了解，从而提高责任意识。同时，通过这种互动方式，有利于提高学生实践教学积极性。

2. 健全实践教学评价制度

实践教学包含的内容较多，需要根据内容的不同，完善实践教学评价制度的建设。而评价的具体内容不仅要包含任务的完成情况，更要突出学生的学习态度、创新能力和素养等方面的柔性评价，注重学生能力的提高。对教师不仅要进行教学能力的评价，还要有教学方法、操作技能等方面综合考量，也可以将教师的实践能力与职称评定、科研考核等挂钩，从而提升教师的实践热情。

应用型本科院校建立的考核制度应包含考核纪律、态度、安全、质量、方法、评价标准等。例如，实验室管理办法、实习管理办法等，明确提出奖惩标准，使实践活动有章可循。

3. 健全实践教学质量监管机制

实践教学质量监控水平直接影响到实践教学结果的客观性和准确性。要真实反映实践教学问题，既要考察实践教学目标与社会需求及学校人才培养目标的达成度，也要考察毕业生培养效果的达成度，还要考察学生及用人单位的满意度。因此，实践教学质量监控主体应当包括校内和校外主体。校内主体应该由校院系三级监督机构成，校外主体应该由教育行政主管部门、企业行业专家、用人单位、毕业生等"多元化"监控主体构成。本书认为应该从以下几个方面去强化实践教学质量监控力度。

（1）构建多元化的校外监控主体

要使实践教学质量评价内容更能发挥诊断性，应该加强校外教育行政主管部门、行业企业参与学校实践教学工作的监督与评价。另外，学校应该加强第三方评价工作，如可以请麦可思公司对毕业生和用人单位的实践教学情况进行单独的跟踪评价。通过以上方式，可以让更多社会主体参与到学校实践教学质量监控中，形成一种相互制衡、相互监督的关系。学校可根据这些不同利益相关者诊断结果，对实践教学相关环节提出整改方案，从而更好地完善实践教学体系模式构评价机制。

①教育行政主管部门监督检查。教育部在 2015 年发布的《关于深入推进教育管办评分离促进政府职能转变的若干意见》中，从教育行政角度明确了高等学校系统的"管办评"分离，提出教育行政部门在高校教学质量评估中，应该做到政府管理、高校办学与第三方评估相互分离和有机统一。所以，教育行政主管部门应该从宏观层次加强对学校的人才培养目标、教育质量等方面的监督检查。比如，教育行政主管部门可根据实际工作情况，委派相关管理部门

对高校的实习实训基地、教学资源等教学工作，按照相关评审标准进行专项评审。通过这种方式，可以进一步提高高校对实践教学重要性的认识，进而提高实践教学运行效果。

②成立校企合作委员会。学校应牵头，由学院与合作企业成立校企合作委员会。或者由学院联合校内专家、校外教育主管部门、行业领域专家、社会咨询评估机构等建立起校企合作委员会。此机构主要负责对实践教学专业的管理，如对人才培养方案的修订，研讨提出专业人才培养目标与规格、专业能力标准、实践课程设置与调整的指导性意见与建议等。另外，合作委员会相关指导教师或领导可以社会对毕业生要求为导向，对学校整个实践教学环节进行考核，做到从计划、实施、结果的全面深入参与。要根据考核结果，与高校合作，全面推进产教研融合，使高校人才培养与区域经济发展、行业企业的需求紧密结合。

③第三方评价。学校应该重视实践教学的第三方评价工作。学校可通过麦可思公司对用人单位、毕业生进行定期或不定期的追踪调查，通过用人单位对毕业生满意度调查情况以及毕业生对岗位需求和适应情况，重新审视高校在人才培养中存在的主要问题，这样能够更有针对性地优化专业学科设置，对教学资源进行相应整合，从而保证高校人才培养的质量，提升毕业生就业率。

（2）完善校院系三级监督机构

目前，很多高校仅侧重于对理论课堂教学的监督，缺乏对实践教学现场、实践教学过程实施等环节的监控。因此，高校应该在校内强化和完善不同层次的实践教学监督机构，明确实践教学质量检查的归口部门，并将具体工作制度化，这样就能避免推诿的现象，促进实践教学管理工作的长效运行。同时，这样还能加强校内实践教学监督的常态化，进而从根本上提高实践教学质量。

①校级监督机构。校级监督，以学校教学管理部门为对象，负责整个实践教学过程的管理、监控、指导工作。学校应该加强教学督导对实践教学现场的评价。教务处应该不定期组织督学专家对校内外实践教学情况进行监督检查，这样才能将实践教学计划与实践教学质量有效衔接起来。

②院级督导机构。院级督导，以院系为对象，负责整个实践教学环节的统筹、规划、管理、质量监控和总结工作。学院应该形成由学院领导、骨干教师组成的教学督导组，定期对校内外的实习情况、指导教师到位情况、单位提供的实践教学等进行检查。学院督导组经过调研，应形成相关实践教学总结意见，及时反馈给教务处。

③教研室督导机构。教研室督导，实践教学环节的实施为对象，是实践教

学"全程式"管理的践行者，主要负责专业实习的组织、过程管理和实习质量的监控。教研室督导应该与企业或单位共同组成，每周对本专业实习学生的实习表现、安全等情况进行检查，并及时协助师生解决实习过程中出现的问题。

4. 采用多样化的评价形式

采取丰富的评价形式、多元化的评价主体，旨在加强对学生操作能力、创新能力的考评，得出公正的评价结果。

从考核方式上看，课程类考试可采取闭卷考试、开卷考试、口试答辩、动手操作、作业或课程论文等方法进行，集中性实践环节可采取现场汇报、团队合作、调查报告、案例剖析、情景模拟、论文等方法进行，课程设计与毕业设计（论文）的成果可采取答辩的形式进行。应不拘泥于传统的方法，积极探讨实践考核的新方法，将实践教学的评价与职业技能鉴定接轨，将职业类竞赛获奖情况、职业技能资格证书等纳入对学生实践能力的评价。

如今，要充分利用好网络资源，使用手机评教系统进行即时性的评价。例如，学生对教师实践教学情况的评价，要能够及时反馈给教师，让教师进行教学方式的调整。在选择多种考核方式时，要注重定性与定量相结合。要利用多元化的评价主体，提升评价的有效性。对学生的评价不仅仅是老师，还可以加入企业评价、自主评价等，对教师的评价不仅仅依靠实践管理机构，还可以加入督导评价、学生评价、同行评价等。

5. 建立健全持续改进机制

实践教学质量评价的最终目的是"以评促教""以评促改""以评促建"。通过这种反馈机制对实践教学课程和手段进行持续的改进，可以提高学生的综合实践能力。但多数高校实践教学质量评价结果运用力度不够，主要原因是实践教学信息反馈渠道单一，质量评价结果对学院、教师的影响力还不够。因此，要持续改进长效机制，应当加强信息反馈，完善相应的激励机制，使实践教学质量评价逐渐形成一个"评价—反馈—改进—再评价"的循环闭合，确保人才培养质量。

（1）多渠道采集反馈信息

遵循"评价—反馈—改进—再评价"流程，就要多渠道采集反馈信息，更及时、准确地发现实践教学各个环节存在的问题及特点。

一方面，高校应当加强日常的教学工作例会、教学督导，对实践教学结果进行及时反馈。另一方面，可以利用实践教学信息化管理手段，通过在线问卷调查、实践教学相关 App 评教等，加强对实践教学"全过程"的监督与评价，重点对实践教学实施和结果进行评价反馈。通过这些举措，让教学管理部门、学院、教师及时发现实践教学各个环节中存在的突出问题，并有针对性地对实践教学管理、教学内容、教学资源配置等进行改进，可以实现实践教学质量的持续改进。

（2）完善改进奖惩机制

要发挥实践教学评价的引导作用，就要将实践教学评价结果作为学院经费资源调配的依据，让教学管理部门定期组织专家审查实践教学整改工作，跟踪整改效果。这个整改结果要实行改进奖惩机制，对实践教学工作中表现突出的学院或个人给予一定的奖励，对在教学和日常管理工作中不积极、不作为的教师和教学管理人员采取相应的约束机制。另外，要将评价结果与教师的工资绩效、年度奖励和职称评定挂钩，激励教师重视实践教学的指导与管理，进一步提高实践教学质量，这样逐步形成既有约束又有奖励的激励机制，促进实践教学工作的良性发展。

（3）健全再督导机制

为了切实保证实践教学质量的持续改进，学校应该强化对实践教学重点环节整改的"再督导"工作。为此，学校应建立由教务处、评估中心、督导专家组成的"再督导"责任单位，通过对多渠道收集到的反馈信息进行整理，将结果反馈给各学院，并对学院的实践教学重点整改工作的落实情况进行复查、通报，以此形成"再督导"机制，使反映出的实践教学问题能够得到及时的回应和处理，促进并形成循环改进机制。

6.将过程性考核与终结性考核相结合

高校应采用过程性与终结性相结合的考核方式，从重视结果向既重视过程又重视结果转变。过程性考核关注是否制订了详细的计划及计划的完成情况，需要校内外加强实践教学的管理和指导，教师根据情况给出成绩。通过过程性评价可以避免学生不重视实践过程，起到逐步提升能力的作用。终结性考核主要是看学生的项目是否完成、竞赛是否获奖等。通过终结性评价可以得出学生能力提升的总体情况。

第六章　信息化背景下
高校本科教学质量标准的建构

高校本科教学质量标准的制定和建构要以高校为主体，参照高校的教学目标和人才培养方案形成标准体系，这样才能使教学质量标准体系得到有效应用，实现评估的预期目标。本章分为高校本科教学质量标准概述，高校本科教学质量标准的系统集成，高校本科教学质量标准的建立三个部分，主要包括高校本科教学质量标准的价值定位、学科定位、个体定位和国际视野定位，高校本科教学质量标准体系中指标分析、系统构建等内容。

第一节　高校本科教学质量标准概述

一、本科教学质量标准的相关概念界定

（一）质量

不同学科的不同视角对质量有不同的定义。从哲学视角看，质量即事物的"品质"或"特性"，是事物的内在规定性。从经济学视角看，质量就是效益。需要注意的是，从效益的角度来考察质量，"最优"并不是评判质量高低的唯一标准，如果是以较少的资源投入获得的最优，这种最优无疑是高质量，否则就是低质量。从管理学视角看，质量即产品、服务及其活动的有效程度，国际标准化组织制定的 ISO 8402-1994《质量术语》中提道，"质量是反映实体满足明确或隐含需要能力的特征和特征的总和"。

英国学者戴维·斯特雷克认为，质量有两层含义：第一，质量意味着企业能长时期地维持经营，必须在市场的竞争中持续保持领先优势；第二，质量就

是要理解和优化整个系统价值交换，使企业所有相关方都能获得较好回报。

美国学者约瑟夫·朱兰认为，质量就是"适用性"，是满足顾客需求的程度。哈佛商学院戴维·加文认为，"基于制造的，符合设计规格的产品具有好的质量；基于产品的，质量存在于产品的零部件及特性之中；基于价值的，物超所值的产品具有好的质量；基于用户的，顾客满意的产品具有好的质量"。

我国学者余小波认为可以从三个方面理解质量内涵：第一，按比较的不同来定义质量，质量总是与比较相关，有比较才能评定质量；第二，按符合满足的不同来定义质量，质量即符合规格（一系列评价基准和尺度）的程度；第三，可以从不同学科的视角来定义质量，学科视角不同，质量的定义也不同。

综上，质量并不是一个固定不变的概念，而是动态的、变化的、发展的和相对的，它随着研究视角、时间、地点、目的以及使用对象的不同而不同，同时也将随着经济社会文化的发展和技术的进步而不断更新和丰富。但不管如何变化、发展、更新和丰富，质量的基本含义是不会变化的：一是质量为任何一种实体（如产品、服务、活动、过程、组织、体系等或以上各项的组合）所具有；二是质量是实体所固有的特性或品质的总和；三是质量必须以满足相关方明示的或隐含的要求为目的；四是质量体现了实体特性满足相关方要求的程度，满足程度高则质量优，反之则质量劣；五是对质量的判断必须有客观的基准和尺度，且质量是与比较相关联的。因此，质量定义为"实体所具有的固有特性满足相关方明示的或隐含的要求的程度"较为合适，且具有比较普遍的意义。

（二）教学质量

在教育理论界，教学质量并没有一个严格、明确、统一的定义，其真正的含义比我们日常理解的要复杂广泛得多。一般认为，教学质量的高低，体现在学生学习的质量上，体现在学生思想、文化科学知识及身心素质的提高上。按照本科教育新的教育理念，教育质量的高低，应取决于在多大程度上使学生的知识、能力、素质、创新精神等得到提高和增强，并最终体现在毕业生是否能满足社会的需求，是否受到用人单位的欢迎上。

教学质量是一个综合指标，影响教学质量的因素是多方面的，既有学校内部的因素（教师、学生、条件、管理等），又有外部的因素（方针、政策、体制等）；既有主观因素，又有客观因素。就学校内部来说，影响教学质量的因素主要有人、物、管理三个方面。

影响教学质量的人的因素，主要是指教师、学生和管理者，因为教学活动主要是教师、学生、管理者的共同活动。在这个共同活动中，教师起主导作用，以保证教学按照大纲规定的目的、内容来进行。因此，教师的学术水平、治学态度、为人师表、授课的方法与内容对教学质量起着根本性的作用。学生是教学过程的主体，只有在学生积极主动的参与下，才能实现知识和能力的转化及素质的提高。学生的学习基础、学习态度、求知欲望、刻苦精神及学习方法等，是影响教学质量的关键因素。教学活动离不开有效的教学组织与管理。管理者的工作态度、业务水平、工作方法等对教学质量也起着至关重要的作用。

影响教学质量的物的因素，主要是学校中保障教师传授知识和学生学习所需要的物质条件及特定的教学环境，包括教室、实验室、教学设备设施、运动场地、图书资料、教材及生活条件。这些都是维持教学活动正常运转不可缺少的条件，任何一项达不到规定的标准，都会直接影响教学质量。

在教学系统中，人的因素与物的因素既各有其独立的地位和作用，又是作为一个整体发挥作用的。规范化、科学化、制度化的教学管理，是各因素之间形成最佳组合、发挥最佳效果不可或缺的。管理水平高，管理手段、方法先进，规章制度健全，组织严密，人和物就能充分发挥作用，保证教学质量的提高，否则就很难发挥正常的作用。

（三）教学质量管理

高等学校的教学质量管理是一项复杂的系统工程。教学质量管理就是要通过不断改善影响学校教学质量的各种因素，通过科学的评价，分析教学质量，建立通畅的信息反馈网络，从而营造并维护良好的育人环境，达到最佳的教学效果。因此，要树立管理文件质量的意识，探索教学质量管理的有效途径，真正达到提高教学质量的目的。

教学质量管理是一个全过程的质量管理，包括招生质量、教学质量的实施过程，教学活动过程，教学辅助过程和实现科学化考试管理过程。而教学质量评价，则是通过定期的教学检查对各专业、各门课程、各项教学基本建设以及教师教学质量和学生学习质量进行的评价。加强教学质量管理，就是要抓住这些关键教学环节，强化对这些过程的监督和考核，及时发现和纠正实施中出现的具体问题，协调各个部门、各个阶段之间的关系。只有做到全方位、全过程的质量管理，才能真正提高学生的综合素质，实现教学质量的提高。

　　管理是一门科学。在国际上，许多教育工作者引进了全面质量管理技术，对教学质量管理进行了尝试，并取得了一定经验。在我国，全面质量管理也引起了教育界的广泛关注。对教学工作进行全面质量管理，是教育质量管理发展的必然趋势。虽然学校人才的培养与工厂物质产品的生产不完全相同，但结合学校教学过程特点，形成科学规范的全面质量管理体系，制定相关的教学质量标准，提高教学质量管理水平，是当前需要研究和实践的重要课题。

（四）标准与质量标准

　　标准是进行管理和各类评估的必要基础和条件。《标准技术基本术语》将标准定义为"对重复性事物或概念所做的统一规定，它以科学技术和实践经验的综合成果为基础，经有关方面协商一致后，由主管部门批准，以特定形式发布，作为共同遵守的准则和依据"。

　　"标准"是用于规范各类活动及活动结果的，其目的是"获得最佳秩序"和"促进最佳共同利益"。虽然"质量标准"所针对的是产品或服务的质量，所体现的是经济或社会效益，但其本质具有标准的一般属性。所以，任何"质量标准"除了关注"质量"这一概念的固有特征外，还必须关注各类活动的"最佳秩序"，并最终促进各方的"共同利益"。因此，"质量标准"是用于规范各类活动及活动结果，并促进各方获得共同最佳秩序和利益，经各方协商和公认机构批准的可供共同、重复使用的规范性文件。

　　对各类质量评估、质量管理和标准化建设来说，质量标准的设立有着非常重要的意义。因为质量标准包含明显的价值取向，其本身就像一根指挥棒，对于适用范围内的主客体都具有很强的导向作用。同时，质量标准又是一个国家或行业领域的一项质量制度，是一种根本性规范，从某种意义上说，质量标准的建立是质量管理体制成熟的标志，有了标准，产品或服务才能规范、合理发展。质量标准作为一定范围内的"通行规则"，它还可以消除行业内或系统间的技术语言障碍，加快技术交流与合作，使行业内或不同系统之间的活动得以沟通过渡与交换，强化彼此之间的联系与认同，加速技术进步和成果的应用与推广。质量标准还可以作为监测和评估（评价）活动的工具，衡量事物是否规范，测量事物的规格与水平。此外，质量标准又是日常管理的重要依据，通过各类质量标准，可以统一产品或服务的规格、流程和要求，提高管理水平，保证产品或服务质量的不断提升。可见，制定质量标准的重要意义是不言而喻的。

（五）本科教学质量标准

就目前而言，我国"本科教学质量标准"分两级建立：一级是由教育部制定并批准建立的，全国统一的本科专业类教学质量标准，这是本科人才培养质量的国家标准和基本要求。对于这一国家级的质量标准，教育部曾明确提出，高校要依据"国标"并结合实际，修订本校的本科专业教学质量标准，优化人才培养方案。另一级是各高校根据教育部要求，按"国标"和审核评估要求，自行建立的"高校内部本科教学质量标准"。下文所讨论的即各校自主建立的"内部标准"。

循着前文对"质量""教学质量""标准"与"质量标准"等概念的分析和理解，综合考虑教育部的相关要求，可以将"内部标准"的概念定义为：依据国家标准和审核评估要求，由各高校自行组织制定且经相关各方协商一致的，关于本校本科教学活动及活动结果，满足本校本科教学各相关利益主体需求，且反映一定质量指标或参数的校内准则、规则或规范性文件。从这一定义出发，可以进一步分析"内部标准"的内涵特征，概括起来有以下五个方面。

一是规范性特征，即本科专业类教学质量"国家标准"与审核评估的相关要求是高校制定"内部标准"的规范性依据。教育部已于 2018 年 1 月发布实施全部 92 个本科专业类教学质量标准，并以此作为本科人才培养质量的国家标准和基本要求。同时要求各高校依据"国标"，结合自身实际，修订本校的"内部标准"，优化人才培养方案。根据这一要求，从审核评估的需要出发，"国家标准"理应是各高校制定"内部标准"的规范性依据。

二是全面性特征，即高校"内部标准"所涉及或涵盖的范围应包括本科教学活动的全过程并体现教学活动的结果。换言之，"内部标准"涉及本科教学工作整体系统所涵盖的各个要素，包括教学条件、教学管理与服务、教学过程和教学结果（含本科毕业生整体质量）四个基本要素。所以，"内部标准"必须从"教学条件质量标准、教学过程质量标准、教学管理工作质量标准"，一直延伸至"人才培养质量标准"，对本科教学各环节进行全面覆盖。

三是社会性特征，即高校"内部标准"除了要满足学生和学校对教学的基本需求外，还必须同时满足社会和政府对高校办学的基本要求。学生是受教育者，是高等教育投资或消费的主体之一，也是本科教学质量标准建立后的直接受益者；学校是教育的提供者，也是本科教学质量标准制定的主体，对本科教学质量直接负责；社会为高校毕业生提供就业岗位，是用人单位，也是高等教育事业发展的受益者；而政府则是高等教育的举办者或监管方，是国家高等教育事业发展的责任主体。所以，各高校在制定本科教学质量标准时必须充分考虑学生、学校、社会和政府这四个利益主体的现实诉求。

四是共识性特征，即高校"内部标准"需经校内相关学术或利益共同体协商一致。"标准"是在一定范围内获得的最佳秩序，其成立的前提就是经协商一致并得到公认，否则就不是"标准"，也难于执行。高校是其"内部标准"制定的主体，所以必须首先经过校内学术共同体的协商并达成共识。由于本科教学质量标准涉及四个利益相关方，尤其与社会用人单位关系最为密切，如果不与学校之外的其他三个利益相关方进行对接，特别是忽视与相应行业的有效对接，这一标准就有可能严重脱离社会实际，也可能违背举办者的现实诉求，从而形同虚设。

五是操作性特征，即高校"内部标准"必须建立相应的可供本科教学一切活动参照的指标体系或基本规范，既有利于校内执行，也便于在审核评估中对照考察。如前文所述，"内部标准"涵盖本科教学活动的全过程，所以这一"内部标准"必须是针对本科教学所有环节且可以有效执行的标准，要从学生课堂学习、课外实践、毕业考核乃至就业指导等各个环节，都可以通过"内部标准"来进行直接或间接的观察和衡量，只有如此，这一标准才具有了真正的价值，否则就是"空中楼阁"，不能在日常教学管理、评价、督查或审核评估中发挥作用。

二、高校本科教学质量标准的定位

（一）价值定位

本科教学质量标准要以国情为出发点，满足政治、经济、文化、社会发展对本科人才素质的特殊要求。只有贴近本国和本地区发展实际，反映社会需求的教学质量标准才有实际意义。随着生产力水平的发展，社会职业化、专门化程度的提高，职业的高度分化对大学专业的增加和教学质量提出了要求，丰富的社会生产和生活实践，也为大学课程不断更新提供了条件。教学质量是教师教学、学生学习、教学资源与教学管理共同作用的结果。根据前面对一些关键性问题或难点的分析，这样的标准不应是绝对的，而应有一定的延展性。本科专业教学质量标准可以是具有一定刚性的基准，以确保该专业达到基本的质量要求和准入资质。但在这一基准之上可以提高标准供不同层次的高校选择，并且为学科交叉以及新学科、新专业留出发展的空间，鼓励类型、层次相近的高校建立以共同学术标准为基础的校际教学质量保障评估体系。

在质量标准的指标选择上，教师和学生都是主要的利益相关者，他们的意见是决定标准好坏的关键因素。随着社会主义市场经济体制的完善，教学目标与教学质量的要求必然会扩大市场调节的作用，专业报酬水平正在成为调节劳动力市场运作、资源配置的重要节点，也将成为不同专业人才和市场需求之间供求关系协调的重要因素。因此，要进一步加快教学质量反馈系统建设，使大学人才培养与劳动力市场需求之间建立起良好的沟通网络。

教学质量是办学水平的重要标志，教学质量的高低最终体现在学生对知识的掌握和运用于实践的能力上。而且，高校的教学工作具有一定的职业导向性。只有加强分类管理，才能体现学科特色和学科优势，进而服务于社会的特定需要。本科教学质量标准的建设必须在指标建构与行动研究两个方面并行推进，也就是在质化与量化并重的模式基础上探求教学质量的真实水平，这样才能让受评者在技术面上失去取巧掩饰的空间。虽然高等教育生态系统本身具有自我调节能力，具有一定的生态弹性，但压力超出系统本身的弹性范围后，如果再不提高其生态承载力，就会使生态系统的平衡遭到破坏，引发一系列问题。

（二）学科定位

教学质量标准反映的是对教学质量各要素及其指标的重要性认识。许多研究或实践当中的教学评估指标体系的指标权重有的各不相同，有的大同小异，这就容易使人们怀疑教学评估行为的合法性，更不用说对其保证教学质量的功能怀有期待了。

当前的教学评估忽视了高校的基本特征。一是差异性。由于社会教育资源、学校所在地的地域和生源质量不同，因而客观上不能以同一标准来衡量所有高校。对于不同领域的学科专业，其培养目标、规格和社会适应面都不同，因而其质量标准也不同。二是多样性。不同的教学过程、不同的教学形式、不同的教学内容、不同的学科，客观上要求教学质量标准的多样性。三是客观性。教学质量标准作为高等学校是否达到人才培养目标和规格的质量规定，在差异性和多样性的前提下，它应该具有不可选择性，有不同级别和等次的要求。

只有通过制定分层次、多元化的教学质量标准，才能保证高等教育生态系统的平衡发展。虽然本科教学质量评估在我国发生发展的时间较短，但是其重要地位却事关高等教育的成败，关系到我国由人力资源大国到人力资源强国目标的顺利实现。

（三）个体定位

随着我国本科教学负担越来越重，教师需全身心地投入方能守住教学质量的底线。然而，科研在学校中的地位大大高于教学，由此导致相当多的教师把主要精力放在科研上，无暇顾及教学质量。而现有的教学质量标准的基本出发点还是对教师和学生的一种控制，他们服从于标准化的教学目标而被放在被管理者的地位，属于外部控制的被动位置。合理的教学质量标准有多重目标，除了为学生和教师提供有关教学的效果以外，还要给学生和教师提供继续学习的愿望和能力。学生得悉所在专业的相关标准后，他们就可以利用该标准改进学习，促进学生自我评估。如果所有的大学毕业生都能在全部或者几乎全部教学过程中进行这样的自我评估，这对他们今后就业和生活将有巨大的促进作用。

因此，一个科学的教学质量标准可以为教师和学生提供一个创造的空间、对话的平台、成长的方向，使得教学行动依据情境和个体的不同而变化，进而提高人才培养质量。

（四）国际视野

在经济全球化背景下，为增强国际竞争力，国际化人才培养成为各国政府和高等院校的首要任务；培养适应经济社会发展需求的人才是彰显高等教育办学质量的重要标志；创新能力是大学的灵魂，创新能力不仅成为企业招收人才的重要标准，而且越来越成为大学的培养目标。因此，在制定专业教学质量标准时，要把握专业的学科结构、师资水平、学术科研水平等方面的单项和综合实力情况，根据本专业在本校、区域，乃至国内国际的位置情况制定相应的教学质量标准，并正确处理好需求与条件、目标与现实的关系。

首先，本科教学质量标准的构建应该能够适应经济全球化进程不断加速和国际科技文化交流日趋频繁的趋势，以体现指标体系内容、方法和测评数据的国际可比性作为一个基本要求，因此，要充分考虑指标及测评内容与国际主流评估体系相对接，以便可以在教学评估结果比较时找到更多共同的参照。

其次，本科教学质量标准要以面向未来为价值取向。本科教学质量是一个随着社会历史条件变化而变化的具体概念，而不是超越社会文化和学校实际的抽象范畴。在经济与社会发展的不同阶段，不同行业对人才素质的要求都会存在差异，因此，在设计教学质量标准的时候，不仅要考虑今天已经凸显出来的实用的和经济的需求，也要考虑未来经济的和文化的需求，这样才能保证高等教育处于良性发展之中。

第二节　高校本科教学质量标准的系统集成

一、教学质量标准体系的系统集成

教学质量标准体系最终需要采用系统集成的方法，以便对教学质量做出整体的评估。相比以定量结果为主的排名评估，复杂性综合质量评估标准的内容更加丰富，既有对过去绩效的评估，又有对未来发展战略规划的评议。

系统集成是指在系统工程科学方法指导下，以客户需求为依据，通过优化程序将各个分离的子系统连接成为一个完整可靠的有效整体，使各系统要素之间协调统一并发挥整体性能最优化的效果。

在运用系统集成方法分析教学质量标准构成时，首先要认识教学质量系统各个要素之间的内涵及相互间的关系状态，这样才能保证教学质量达到合理的状态，从而为评估教学质量状况提供科学依据。系统思维模式是复杂性科学的方法论之一，它把对象当作系统来认识和研究。"首先它是一种管理的思维模式；其次它是系统思维模式，是管理者对组织中的人、资源、目标三个基本要素，从整体观出发，进行系统思维的一种模式，是一种多维度思维。"具体来说，它强调从整体的角度去考虑问题及其各种关系，不能把系统组成元素的功能、性质还原成系统的功能、性质，因为系统作为一个整体，具有同它构成元素不同的整体功能和性质。就教学质量而言，虽然它是由教学投入、教学过程、师生互动所构成的系统，但是整体的质量不是由某一个要素所能反映的。系统的功能具有整体性、非还原性，即不等于各要素功能的简单叠加，而是一种非线性的复杂系统。从这个角度而言，教学效果不是由其构成要素，如教学投入所唯一决定的，它是各教学要素、教学环境等诸多因素的函数。不同的资源整合模式和结构，教学效果也就不同。

二、教学质量标准的体系集成内容

教学质量是一个复杂的系统，要把教学整个过程的本质及规律描述清楚，以实现预定的目标，需要建立庞大的指标体系，这是不现实的。一个指标仅能反映教学质量评估体系的某一属性，为此，只能按照某一种合理方式，选择其主要指标加以处理，形成合理的评估指标体系，这样才能在合理的成本范围内评估教学质量。当不同的要素不可分离地构成一个整体时，在认识对象与它的背景之间、各部分与整体之间、各部分彼此之间存在相互依存、相互作用、相互反馈作用的组织时，就必然存在统一性与多样性相结合的复杂性。

（一）教学管理体系

教学管理体系指在高校党委和校长的领导下，以教务处为主形成的运转灵活、上通下达、有权威、高效率的教学管理系统，它是保障教学质量的基础。完善的教学管理体系应包括指挥系统、参谋咨询系统、执行运作系统。

教学指挥系统由教学管理部门的各级领导，包括主管教学的校长、教务处长、系（教研室）主任及相应职能部门组成，负责统一指挥全校的各项教学工作。教学参谋咨询系统，主要由从事教学工作、有丰富经验的教师和懂得教学工作、有管理专长的教学管理人员组成，重点研究和解决教学管理工作的重大问题。

执行运作系统主要由教务处和各教学基层单位组成，其中教务处是执行运作系统的中心。

教学管理体系的运行模型可采用"环形结构"，即由"主管教学的校长—教学协调管理部门—教学基层单位—教师和学生"所形成的封闭环形。教务处在充分发挥协调管理功能的同时，应及时了解有关教师的教学效果学生学习质量的信息，不断针对教学工作中出现的问题进行研究解决，并提供给指挥系统，以提出新的管理目标，使教学工作始终能在一个新起点和更高水平、层次上运转和发展。

（二）教学条件保证体系

提高和保证教学质量，需要改进教学方法、更新教学手段，这不仅需要教师具有教学改革的积极性和热情，而且需要和谐良好的服务环境及必要的物质支撑保障，即高效优质的教学服务支持体系作基础。

一方面，学校的后勤服务部门和人员应进一步提高服务意识和水平，充分认识到服务工作与学校教学质量息息相关，为教师和学生提供高质量的后勤服务。

另一方面，学校应千方百计改善办学条件，为教学质量的提高提供物资支持和人员保证。在师资配备上，应在不断提高现职教师业务水平的基础上，大力引进人才，充实教师队伍；应在保证教学经费逐年增长的前提下，不断改善教学设备、设施（教室、实验室等），加强图书馆建设和信息服务能力与水平。

信息时代，教师要及时了解国内外有关学科前沿和发展动态，需要互联网和相应的技术支持；今天，"黑板加粉笔"的教学手段已经远远落后，而采用电化教学、多媒体教学等，这就需要计算机等高科技教学用具，需要多媒体教室、语音教室等现代化的设备设施等。总之，高校应加强教学辅助过程的质量管理，使教学服务支持体系能够为教学正常运转和教学改革提供优质服务和物质保证。

（三）教学质量评价体系

教学工作评价是提高教学质量的重要手段之一。教学工作评价包括学校总体教学工作评价，专业、学科与课程评价，教学基本建设评价，教师教学质量评价，学生学习质量评价等。教学质量评价系统是根据所制定的目标系统，有组织、有计划地对教学质量进行检查、评价的系统。学校应成立教学质量评价专家组，其成员由学术造诣较深、有较丰富的教学经验或教学管理经验的专家组成，作为学校经常性教学评价的权威机构。要将教学评价的内容和标准作为教学管理的目标，分解落实到各职能部门，明确各机构管什么、评什么，并将评价结果与各项奖励政策挂钩，如职称的评定与晋升、教学津贴、业务进修等要与评价结果挂钩。

教学质量评价必须明确教学质量的目标，即教学质量管理工作的奋斗目标，也是质量检查与评价的标准。教学质量目标主要由以下几方面组成。

①设立一个能调动校内各方面积极性的全校教学质量奋斗目标。该目标应为学校每一个成员所认同，并发动全校师生员工为该目标而奋斗。

②设立教学全过程各主要环节质量目标。主要有招生、教学计划，课程教学、实践环节，毕业设计（论文）等质量目标，树立全过程质量意识。

③设立影响教学质量主要因素的质量目标。包括教师教学质量目标、学生学习质量目标和管理人员工作质量目标，树立全员教学质量意识。

④设立教学条件质量目标。包括教室、图书馆、运动场地、实验室、教学设备、教材、图书资料等的配备数量及质量标准，树立全面质量管理意识。

⑤设立教学管理质量目标。包括学校教学管理职能部门的工作质量目标，系级教学质量管理目标及教研室教学质量管理目标，树立全校系统化管理的意识，避免头痛医头、脚痛医脚的现象。

（四）教学质量信息反馈体系

在教学运行过程中，教师的教学效果、学生的学习质量及有关问题的信息，应能够通过速度快捷、反应灵敏、准确可靠的系统进行反馈。教学质量信息反馈系统就是为了全面及时地掌握教学过程各环节，以及教学活动各因素在教、学、管过程中基本状况的网络组织系统。其主要任务是提高教学管理和教学质量提供全方位的信息反馈，保障教学信息的及时性、真实性和全面性。

教学质量信息反馈系统由各种信息渠道组成。包括教师教学质量信息系统，学生教学质量信息系统、教学管理人员教学质量信息系统，分别反映教师学生和教学管理人员对教学质量状况的评价信息和对教学工作的建议、意见。另外，高校应根据自身的具体情况制定符合本校特点的教学质量管理制度，如教学巡视员制度、学生信息员制度、学生评教制度、中层干部听课制度试卷分析制度等。通过上述渠道全方位、全过程检查了解全校的教学动态，掌握学生关心的热点问题，及时研究解决，改进教学工作。

另外，为了发挥教学研究对高校保证和提高教学质量的重要作用，建立教学研究工作体系是非常必要的。我国高等教育正经历者前所未有的深刻变革，随着社会的发展、科技进步，需要紧密结合教学工作开展具有实践意义的研究，比如人才培养过程中的新情况、新问题，新的教育观念，教学内容、方法、手段改革等。一所高校能够完成日常教学管理，保证教学基本正常运行，这只是低层次的工作，标志着已经有了一定的工作基础和教学环境。但是，要进一步提高教学管理水平和教学质量，就必须深入开展教学研究工作。教学研究体系的建立，一是发动和组织教学一线的广大教师和管理人员结合本职工作进行教学研究；二是设置教学研究机构和人员，专门从事教学研究工作，形成一支专兼职结合的教学研究队伍，从更高、更深层次为提高教学质量提供支持和保障。

以上几方面，构成了高校教学质量标准体系的基本框架。它们是一个有机的整体，需要相互协调和配合。只有各方面高效率、高质量运行，才能保障高校教学工作的高质量开展。

三、高校本科教学质量标准体系集成策略

（一）健全本科教学质量标准

首先，以各专业人才培养方案为核心，以课程体系为着力点，以课程教学和学习大纲为落脚点，架构各专业人才培养质量系列标准。

其次，以课程建设质量标准，以课堂教学质量标准、教材建设和选用标准等为主要内容，架构理论教学质量系列标准。

再次，以实验教学质量标准、见习教学质量标准、实习教学质量标准、毕业论文（设计）规范等为主要内容架构实践教学质量系列标准。

最后，将本科教学质量标准和基本规范汇编成册。

（二）明确教学质量监控主体责任

一是，以校院两级管理的实施为契机，制定校院两级管理实施细则和责任清单，明确教学质量责任主体，落实分级教学质量保障和监控。二是，明确学校为教学质量监控的评估主体，全面主导学校层面的本科教学质量监控工作，主要对教学单位的教学质量管理及专业、课程、课堂、实习实践及毕业论文（设计）五个环节进行评估，考评重点放在内部教学质量监控体系的建设与运行效果上。三是，以学院（部）等教学单位为教学质量监控的责任主体，各学院（部）构建符合实际的系、教研室、课程团队等基层教学组织，指导并支持其建立健全内部教学质量监控体系，开展院级评估，接受校级及以上的各类评估，反馈评估结果，鼓励教师追求卓越。四是，以基层教学组织为教学质量保障的工作主体，建立并实施完善的专业及课程内部质量保障机制，保证专业及课程教学质量的不断提升。

教师和学生作为教学质量监控的实施主体，要主动学习熟悉学校教学质量监控体系和本单位质量监控体系的基本框架和主要内容，明确各自职责和要求，明确各教学环节质量标准的内涵，主动追求卓越，自觉参与教学质量监控。要切实将教学质量保障和监控的重心下移，使学院（教学单位）真正成为教学质量保障和监控的主体，加强监控的针对性和时效性，健全学院（教学单位）内部教学质量保障体系建设，唤起每个主体的质量意识、质量责任，将质量要求内化为每个人的共同价值和自觉行为。

（三）监控教学行为活动

一是重视人才培养过程中各教学环节对教学质量的影响，围绕人才培养工作开展教学检查、督导及评价等活动。要依托学校评教、评学系统，广泛开展校院两级评教评学工作，学校领导、学院领导、校院两级督导和教学管理人员等要深入教学一线，随机、随堂听课，对教师课堂教学和学生课堂学习情况进行即时评价，将评价结果与职称评聘、优秀教师评选、青年骨干教师遴选及优秀班级评选等挂钩。校级督导专家采用不定期抽查的方式，对全校教师尤其是青年教师和学生课堂教学质量评价较差的教师进行督导，帮助其提高教学能力和授课水平。院级督导组对本学院所有教师的理论和实验教学进行督导。同时，督导专家还参与指导新教师试讲和教研室集体备课，将课堂教学质量监控工作前移。

二是全面梳理培养目标、资源条件、培养过程、培养质量等方面的评价指标，确立课堂、见习、实习毕业论文、试卷等关键监控点，重点加强对其监控检查评价。

三是定期开展专业评估、课程评估、实践教学基地评估等专项评估。通过评估，找出差距，加强建设，提升水平。

四是基于实践教学的特殊性，构建教学质量监控体系，严格执行实习基地准入制度、统一培养方案、统一实习大纲，定期开展师资培训、实习教学巡点及教学基地评估等。严控四个关口，在基础课程结束进入学习前、课程结束进入实习前、出科和毕业这四个关口设立统一的基础综合考、实习出科考和毕业综合考，保证教学同质化，切实保障人才培养质量。

（四）构建信息化教学质量监控平台

构建"互联网＋"教学质量监控平台，基于伴随式数据采集与动态大数据分析，实施"以学生发展为中心"的教与学双向、内外部并举的质量评价，实现对教师教学情况和学生成长信息的实时精准监测。开发基于 PC 端和手机端的评教、评学系统，学生、督导评价授课教师、教师、督导评价班级，不同类别人员均可在该系统按相应权限查看掌握相应的评价数据信息，实现评价实时化、精准化。

（五）营造良好教学质量监控生态环境

学校制定教学激励约束机制，奖励表现突出的教师，并严格处理违反学校有关规定的教师。将教师本科教学质量与其职称评审、年终考核、岗位聘用、绩效工资、人才及荣誉称号等挂钩，将本科教学工作质量作为学院（部）评估、领导干部考核的重要依据，营造良好的教学质量监控生态环境。

（六）推进教学质量持续改进

一是做好日常及时随机反馈。对日常收集到的质量信息，采取信箱、微信、QQ、电话、通报及谈话等方式进行实时反馈，相关单位要认真分析问题的原因，提出整改措施，限期整改，并跟进落实整改效果。每学期期初或期末，召开教学工作会议。对学院教学情况进行及时反馈，确保教学质量信息反馈渠道畅通；教学督导听课当堂课后即时反馈；每学期以午餐会、座谈会等形式，不定期召集相关部门、校领导，与学生面对面进行交流和反馈。

二是加强重要质量信息反馈及改进。除日常及时随机反馈外，对收集到的重要质量信息，梳理形成诸如教学检查情况通报、评估报告、督导通报、毕业生发展质量调查报告等，向全校及社会利益方进行反馈。要求相关单位限时整改，跟进落实整改效果。

第三节　高校本科教学质量标准的构建

一、高校本科教学质量标准构建的原则

本科专业类教学质量"国家标准"是我国高等教育教学的基本规范，是本科教学质量同一性的价值取向，对本科教学的标准化建设、管理及评估都具有明确的指向作用。而"高校内部本科教学质量标准"需按"国家标准"的要求及以下原则构建。

（一）顶层设计原则

高校本科专业教学中的"内部标准"对于各专业本科教学具有统揽的意义，是一系列相互联系、相互作用的项目标准的集合，是一个全面、系统和完整的标准体系。在制定"内部标准"时，务必通盘考虑本校所设各大类本科专业，从教学的条件、过程、管理直至结果等多个要素和环节出发，进行顶层的和整体的设计，并以此统领各专业执行标准的建立，从而确保从学校层面正确处理好"两对关系"，符合"四个度"的硬性要求，避免"内部标准"内容体系偏离办学定位和人才培养目标定位的轨道，防止"内部标准"文本样式的非统一性和文本内容的碎片化。

（二）共识性原则

行业内所推行的标准，一般都需经由大家协商一致并获得共同认可和接受。高校"内部标准"同样需要经过校内相关学术组织和相关利益主体的协商一致。"内部标准"是关于本科教学和人才培养的标准，所以一方面我们必须经过学校层面的教学委员会和学术委员会的协商一致，还必须经由政府主管部门、家长代表、用人单位代表和学生委员会等相关利益主体的协商一致。只有在协商一致的前提下，"内部标准"才有了被广泛认可和被共同接受的基础，也才有可能真正促进各方共赢。

（三）多重性原则

一般认为，本科教学质量就是学生的培养质量，即结果质量。随着认识由单一化走向了多元化，便有了条件质量、过程质量与结果质量的区分。尽管如此，由于其他质量形式都是为结果质量服务的，所以教学质量的核心仍然被固化在了结果质量上。然而，知识生产和人才培养从根本上区别于工厂生产的产品，其结果质量是有滞后性的，往往是"当下的投入，未来的收益"，这就必然形成教学结果质量难以准确、有效测量的固有特性。

此外，学生的培养质量除了受教育教学的影响之外，也受到诸如遗传基因、环境条件、主观努力等其他多种因素的共同作用，如果无视学生培养质量这种"多因一果"的性质，仅仅凭学生质量来评判本科教学的优劣，那将是非常不科学、不准确的。所以对于本科教学质量评价，必须将目光由结果质量转向对"条件＋过程＋结果"的综合考量上来。换言之，"内部标准"必须包括条件质量标准、过程质量标准（含工作质量标准）和结果质量标准。

（四）发展性原则

虽然高校可以依照国家标准来培养合格人才，但这只是一个质量的基准，是最基本的要求。由于政府、社会（用人单位）、家庭和学生个人对本科教学的需求及期望各不相同，不同属性、不同类型和不同层次的高校只有通过提供多样化的教育教学服务和多元化的质量供给，才能满足不断发展变化的多样化的需求。从这层意义上说，高校必须用发展的眼光看待本科教学，通过发展性的"内部标准"来评价本科教学工作，且在实际工作中对"内部标准"进行动态调整和完善。

二、高校本科教学质量标准构建内容

教学是一个复杂的系统，如果简单地以某些部分指标来反映大学的教学状况显然不能充分显示出大学的实际水平。而且现有的这些标准体系往往将目光向内，只关注大学内部的要素质量，缺乏从复杂系统的角度对大学进行内外的系统评估。复杂性科学视阈下的教学质量标准，不仅包含了教学系统内部的要素（教师和学生两大主体），而且涵盖了内部要素之间的相互关系（教学过程要素）以及系统的外部环境（教学环境要素），确保了评估结果的完整性和全面性。从教学质量标准来看，教学过程必然受到教学背景的影响，重点大学的教学质量不一定就比教学研究型大学的教学质量高，因为他们彼此的生源质量本身就存在差异。指标所代表的能力和水平的高低往往具有较强的模糊性，单纯地用一般的统计分析方法并不能获得满意的结果。为此，就需要综合运用多学科理论来指导，对教学质量各要素进行抽象化、定量化，根据事先拟定的比较系统全面反映教学质量的指标体系进行测定、评比，进而得到比较满意的数据和结果。

（一）教学条件质量标准

教学条件质量标准可以划分为硬件条件质量标准和软件条件质量标准。硬件条件质量标准包括本科教学经费的拨付、增长、分配、使用和保障等标准；师资队伍建设规划、师资数量与结构均衡、教师专业素养与发展、教研与教改业绩等标准；教学设施设备的配置、投入、使用、维护与更新等标准；专业建设规划与执行、专业结构调整与契合度等标准；人才培养方案的制订、执行与调整以及契合度等标准；课程资源分类、结构、开发、调整与信息化等标准；校外基地规划、共建、育人以及成效检验等标准。硬件条件质量标准要尽可能采用定量的指标予以确定，部分概念性指标可以进行分项化和量化处理，使其易于测量和考察。软件条件主要指学校为本科教学工作顺利开展所提供的关于教学服务、教学保障和教学支持的政策和制度性安排，主要体现在学校对办学方向、办学定位、培养目标和培养规格上的一系列理念、意志和要求上，体现在保障人才培养中心地位的一系列政策、制度和措施上，也体现在学校对各级领导和教学管理人员投入本科教学管理工作的时间和精力的要求上。软件条件质量标准一般难以量化处理，所以这一类标准应更多地体现为规范性的定性描述。

（二）教学过程质量标准

教学过程质量标准可以从课堂教学、实践教学、课外（第二课堂）活动、考核与成绩评定以及教学改革等几个方面进行设计。其中课堂教学质量标准主要包括教学大纲的制定与执行、教案设计与应用、教学内容与培养目标的契合、教师科研成果的转化、教学方法和手段的使用、信息技术与现代教育技术的使用、课堂教学状态、学生学习指导等方面的标准；实践教学质量标准主要包括实践教学体系及其建设、实验室建设与使用、实践教学基地建设与利用、课程实习、专业见习毕业实习、毕业论文与设计等方面的标准；第二课堂育人质量标准主要包括第二课堂的育人体系建设、学生社团建设、文化活动组织与实施、科技活动计划与执行、学生创新创业活动组织与实施、社会实践活动组织与实施、学生对外交流活动组织与实施等方面的标准；考核与成绩评定质量标准则主要包括命题形式与规范、试题与试卷设计及印制规范、考试考核的形式与规范、监考与巡视工作规范、成绩评定工作规范、补考与重修工作规范、成绩记载工作规范等方面的质量标准；教学改革质量标准则主要指学校教学改革的总体思路与政策措施，人才培养模式、人才培养体系、人才培养体制与机制、教学管理与运行等方面的改革设计与预期的质量标准。

(三) 教学管理工作质量标准

教学管理主要包括日常运行管理与质量保障管理两大部分。日常运行管理质量标准主要包括宏观层面的管理机构设置与人员配备，管理职能划分，管理制度制定与落实，年度计划制订、调整与落实，管理决策与执行，管理监督与运行控制；以及微观层面的教学计划管理，课程建设管理，教材建设与选用管理，选课与课程实施管理，课堂教学管理，实践教学管理，考核（考试与考查）管理，成绩评定与学分管理，毕业与学位管理等方面的工作质量标准。质量保障管理质量标准则主要包括质量标准体系建设，质量保障模式设计，质量保障体系构建，质量保障制度建设，质量保障组织与人员配备，校内评估与动态监控的内容、形式、效果评价，教学基本状态数据收集与数据库建设，质量信息的统计分析与反馈机制构建，质量信息公开与年度质量报告，质量持续改进的途径与方法，质量持续改进的效果评价等方面的工作质量标准。

(四) 人才培养质量标准

人才培养质量标准主要看生源状况、学生在校学习状况以及毕业生的发展状况，主要包括总体生源数量与质量、各专业生源数量与质量、学生指导工作及成效评价、学生服务工作及效果评价、学生教学工作满意度及评价、学风建设及效果评价、学生学业成绩及综合素质评价、学生自我学习与成长满意度评价、毕业生就业状态及评价、学生职业发展及评价、社会及用人单位评价等方面的质量标准。

此外，为了鼓励高校构建个性化的办学模式，引导学校走特色发展的道路，避免人才培养的同质化，还应当鼓励高校在"内部标准"中建立"特色办学质量标准"。各高校可以从知识创新体系、教育教学体系、人才培养模式、创新创业教育、社会实践与社会服务等方面探索本校特色办学的途径，并构建相应的特色办学"内部标准"。

三、高校本科教学质量标准制定流程

根据标准制定原则和具体经验，高校本科教学质量标准可以整体设计、多主体研讨、体系构建、意见征询、审查批准等五个阶段来制定。

在整体设计阶段，首先，要进行学校层面的立项，并统筹全校力量安排好研制人员；其次，要组织深入调研，确定各评估项目、要素质量标准的基准线；最后，要构建好"内部标准"整体框架，就"内部标准"体系进行宏观、中宏和微观三个层面系统设计，以形成初步设计方案。

在多主体研讨阶段，要将初步设计方案提交学校教学与学术组织进行审议，聘请政府部门、社会各界和学生（家庭）等方面的代表，共同参与方案的研讨，并对方案进行修订和完善。

在体系构建阶段，要认真理解好本科教学质量标准的内涵与特征，领悟好"国标"的基本规范，把握好审核评估的基本要求，从教学条件质量、教学过程质量、教学管理工作质量和人才培养质量四个层面，系统构建"内部标准"并形成征询意见稿。

在意见征询阶段，应当分别征询校内和校外两方面意见。要深入教育行政部门、社会用人单位、家庭和中学以及校内各相关部门和单位，全面征询意见，并适时召开专家论证会进行论证，最后形成"内部标准"草案。

上述四个阶段可以形成一个工作闭环，循环往复，以形成"内部标准"审查稿并进入审查批准阶段。在这一阶段，要设定多层级的审查程序，充分尊重校内学术组织、行政组织和群团组织的意见，统一意志和达成共识后，提交学校党政联席会讨论批准。在"内部标准"正式文本形成以后，宜送交出版社正式出版发行，以周知社会各界及相关利益主体，接受校内和社会的广泛监督。

第七章　信息化背景下本科院校
应用型人才的培养

信息化背景下，本科院校要积极进行应用型人才的培养，才能适应当前经济高速增长向高质量发展阶段的转变。本章分为本科院校培养应用型人才的缘由，本科院校人才培养模式的演进，本科院校应用型人才培养改革的相关维度，本科院校应用型人才培养改革的相关措施四个部分，主要包括经济转型、大学生就业和本科院校对应用型人才的需求，高等教育和应用型本科人才培养模式的演进，本科院校应用型人才培养目标、培养理念、培养规格和培养特色等相关维度等内容。

第一节　本科院校培养应用型人才的缘由

一、经济转型对应用型人才的需求

经济转型是指一种经济运行状态转向另一种经济运行状态，也称经济转型升级。"升级"这一概念强调经济向更好状态转型。按照转型的类型，经济转型可以分为经济体制转型和经济结构转型。经济体制转型既包括根本的制度转变（如由计划经济向市场经济转变），也包括一些微观的制度创新（如激励制度改革、所有权制度改革、分配制度改革等）。经济结构转型主要表现为产业结构转型、技术结构转型、企业组织结构转型、区域布局结构转型等。产业结构转型是指第一、第二和第三产业间的结构改变和升级。一般来说，产业结构转型表现为高等级的产业依次对低等级产业的替代，具体表现为第一和第二产业的比重逐渐下降，第三产业的比重逐步提高。技术结构转型是指高技术对低技术的替代。企业组织结构转型是指不同组织结构的企业的替换和更新（如现代公司制企业对家族企业的超越，民营企业在经济结构中的比重上升等）。区域布局结构转型是指区域布局结构的优化（如传统工业向中西部地区的大规模迁移等）。

经济转型是一种多主体的互动。企业是推进经济转型的主要力量，政府是推进经济转型的重要力量。此外，包括高等学校在内的社会组织也是经济转型的参与者。随着知识经济的到来，高校在经济转型中的作用变得愈加明显和重要。

经济转型升级主要依赖于三个条件：科学技术转型、人才、高等教育。这三个条件因素都与高校密切相关。科学技术转型既是经济转型的重要内容，也是其他方面转型升级的重要条件和基础。无论是产业结构的调整、贸易结构的调整，还是企业结构的调整，都在深层次上依赖于科学技术的转型和进步。

经济转型升级对高等教育的依赖主要表现在两个方面：高校推动技术创新；高校培养人才从而对经济转型提供人力支持。高校是社会各类人才的主要供给者，高校培养的人才的知识结构、素质结构和创新能力，在很大程度上决定着我国的技术进步和经济转型升级的实现程度。

本科院校在人才培养上，要密切关注当前经济发展的趋势，适时调整学科专业设置，培养我国经济转型升级过程中需要的各类人才，尤其是大量的应用型人才。

当前，我国正处于经济转型升级阶段。人力资本是经济转型升级非常重要的条件，没有人力资本的支撑，经济的转型升级就很难实现、很难持续。经济转型升级需要学术型人才，更需要大量的应用型人才。应用型人才具备一定的理论知识基础，具备较强的实践动手能力，在走出校门后或经过短期培训后很快能适应生产岗位要求，对于我国的经济转型升级发挥着非常重要的作用。而应用型人才，尤其是高级应用型人才（包括应用型技术人才和应用型管理人才）主要由本科院校来培养。

当前，社会正处于知识经济时代，我国高等教育也进入了大众化阶段。同时，高等教育国际化也是世界高等教育发展的新趋势。知识经济时代，重视实践能力培养是世界高等教育发展的新动向，培养具有创新精神和实践能力的人才也是我国高等教育的基本价值取向，而应用型人才培养的重要特点就是注重人才的能力性与创新性。

二、大学生就业对应用型人才的需求

（一）大学生就业供求矛盾突出的原因

1. 大学生就业人数总量与就业岗位需求总量不平衡

随着高校不断扩招，大学毕业生总数持续增加，而我国正处在经济转型期和战略性结构调整期，能向社会提供的就业岗位严重不足，这加大了毕业生就业的社会压力，使供求矛盾越发突出。

2. 高校大学毕业生就业出现结构性矛盾

如今，一些高校的专业设置与市场需求脱节，学科专业陈旧、老化，不符合新的经济形势下的人才市场需求。而随着高新技术产业的迅猛发展和国家对基础设施投资的加大，计算机、通讯、电子、土建、机械、自动化、医药、师范等学科的大学毕业生需求旺盛，哲学社会学、经济学、法学、农学、林学等学科的社会需求时有波动。

3. 区域发展不平衡

经济发达省市区毕业生就业率要高于全国平均水平，东部沿海经济发达地区和中心城市对毕业生的社会需求比较旺盛，呈现出供需平衡或供不应求的局面。比如，北京、江苏、浙江、广东等省市区，经济发达，对人才的吸纳能力较强，大学毕业生需求量较大。而一些边远省市及经济欠发达地区需求则明显不足。

4. 学历层次结构失衡

当前，社会对高层次的复合型、外向型和开拓型的人才需求日益迫切，人才结构、学历层次需求"重点"上移。在毕业生就业过程中，研究生需求旺盛，本科生供需基本持平，而专科生、高职生供给大于需求。

另外，受品牌效应的影响，重点大学、名牌院校的"名牌"效应呈现出优势，毕业生就业相对较容易，社会需求增长，其就业率也较高；而一般院校、一般专业的需求相对较弱，毕业生的就业率相对平稳。

5. 用人单位发生变化

近年，作为传统毕业生就业主渠道的国有大中型企业，引进毕业生的比例在逐年下降。政府机关及事业单位用人指标有限，难以接受大量毕业生。而三资企业、民营企业及高新技术产业企业（尤其是信息产业）的毕业生需求数量却连年增加。

需要说明的是，目前这种就业压力大、就业形势欠佳的局面并不表示我国受高等教育的人才过剩。造成目前大学毕业生就业困难的原因很多，有社会因素、高等教育结构因素、毕业生自身因素等，但主要原因是人才的结构性矛盾突出，即高等院校培养出的人才与市场需求不完全符合。所以，目前这种大学生就业难问题不是数量问题，而是供需结构问题、质量问题，是人力资源的市场配置问题。

（二）应用型本科院校的毕业生就业特点

应用型本科院校为适应行业与地方区域需求，更加注重深化教育教学改革，调整学科专业方向，加强实践教学及产学研结合，培养的毕业生比较受社会用人单位的欢迎。总的来说，应用型本科毕业生就业具有以下特点。

①大部分选择就业，考研与出国深造率低。应用型本科院校大都是二类或三类本科院校，这类院校的学生受自身因素的影响，绝大部分毕业后会选择直接就业，他们专业基础扎实、应用技能过硬、社会适应能力强，受到社会和用人单位的肯定和欢迎。

②就业区域以地方为主，凸显地方发展特色。应用型本科院校的办学定位、培养目标是为地方经济发展培养人才，生源以本地区及周边地区为主。所以，学生大学毕业后，大部分在本地及周边地区就业，只有少数到沿海等经济发达地区就业，就业区域相对集中。

③就业以基层为主，工作稳定性强。应用型本科院校毕业生就业的单位大多是地方机关事业单位、国有企业、非国有企业、城市基层、农村基层等，其中到非国有企业就业的比例逐年增加。他们就业的岗位主要是生产、建设、管理、服务等实际操作的一线岗位。因受地方经济和行业发展的影响，毕业生就业的单位相对较集中，有的单位连续多年接收同专业的毕业生，形成人才集结点。同时，应用型本科院校毕业生比较务实，对工作的期望值适中，呈现出"下得去、留得住、干得好"的特点。

④部分毕业生选择自主创业，拓展了就业渠道。随着就业观念的转变和创业教育的加强，部分大学本科毕业生充分利用党和国家出台的一系列大学毕业生自主创业的优惠政策，选择自主创业，实现就业。应用型本科院校的毕业生在选择自主创业时，主要是根据自身优势、家庭现状及地方区域发展等特点，从事家教、开办小店、创立小公司等。

（三）大学生就业的需求

当前在我国经济形势下行的状态下，每年都是"史上最难就业年"，大学生就业形势严峻。马丁·特罗认为，高等教育大众化阶段出现大学生就业问题突出的现象，不是说明他们无法找到与非大学毕业生进行竞争的工作，只是没有找到与自己身份相适应的工作。大学毕业生很难找到与自己相适应的工作，突出表现在大学生所学专业远远供大于求，不契合社会的经济发展结构需要，这些造成了政府、学校倡导大学生"先就业、后择业"、大量大学毕业生的就业工作与自己所学专业不对的尴尬局面，这其实是对高等教育资源的极大浪费。因此，本科院校必须根据社会经济的发展情况和对人才能力的需求，改变盲目大量培养重理论的学术型人才的专业培养情况，转而着重培养社会实际需要的应用型人才。

三、本科院校的定位及作用

（一）本科院校的定位

本科院校从建立伊始，就带有服务面向定位的特征：立足地方，面向一线，培养地方区域经济发展所需要的生产、建设、管理、服务一线的高层次应用型人才（如电子技术工程师、机械技术工程师、企业经济师、企业管理工程师、服装设计师等）。本科院校以地方性、应用型为办学定位，以服务求支持，以服务求发展，通过培养社会所需要的人才类型融入区域化发展战略。

高校分类与人才分类理论提示我们，本科院校的定位不仅要遵循大学定位的一般规律，而且还要从我国高等教育的国情出发，立足办学实际，走出一条以特色求发展的新路。本科院校的任务与目标，是要坚持"职业导向、回归教育"的原则，培养地方人才，开展地方技术服务与支持，成为地方文化传播中心。本科院校的使命是着眼于地方，以地方产业经济特点构建特色专业，以地方文化特色构建校园文化。本科院校可以把设立研究生院作为自己的一个项目，但是不应该盲目追求硕士点、博士点的"零突破"，不能本末倒置，失去自己的特色优势。

适应和促进区域经济发展是本科院校科学定位的前提。我国社会不同区域经济发展的非均衡性决定了对人才的不同需求。本科院校应该根据自身的区位优势、人才优势和文化资源优势，建立与区域产业结构和社会需求相吻合的学科专业体系，并且还应该积极开展对区域相关人才现状的调研和需求预测工作，使自身在学科专业设置、应用型人才培养目标、培养规格和培养途径等方面，体现出区域经济发展对人才素质的综合要求，培养适应区域经济社会发展的应用型人才。

在层次上，本科院校要遵循本科教育的学业标准。大学是一个探究的场所，不是一般的传媒资讯机构和技能培训场所。我国的大学是在中小学普通教育的基础上进行专业教育的特殊机构。在定位于本科教育的过程中，尤其对于"专升本"后的新建本科院校而言，在实现了形式"升本"的同时更要注意内涵的"升本"，真正实现从专科层次向本科层次办学模式的跨越。

在功能上，本科院校要以人才培养为根本任务。人才培养始终是高等学校最基本、最主要的职能，如果抛弃或忘却了人才培养这一根本职能，高等学校就失去了自身的内在规定性，就不能称为高等学校。同时，要在以教学为人才培养基本途径的基础上，重视在科研和社会服务中培养高素质人才。

在教学定位上，本科院校应注重学生自主能力的培养，重视实践教学环节，大力推进校企合作教育，教学内容应体现市场导向、就业导向，注重学生就业能力和职业技能的训练，要求教学要与生产实践、社会服务相结合，培养学生的实践能力和综合素质。

地方性本科院校主要以实施应用性教育为主，以知识的应用人才为培养目标，以专业化知识的应用服务于社会，以知识的应用研究为学校的前进动力，努力使"应用型"成为办学特色和优势，成为学科布局、专业设置、科学研究、教学改革、质量评价的主色调。

（二）本科院校的作用

本科院校承担了我国高等教育扩招的主要任务，在我国高等教育大众化进程中做出了突出贡献，在国家高等教育格局中发挥着不可替代的作用，主要表现在以下几个方面。

①在社会需求上，本科院校丰富了我国高等教育的类型，拓展了高等教育的层次，极大满足了人民群众接受高等教育，尤其是接受不同层次类型高等教育的需求。

②在地方区域经济社会发展上，本科院校通过结合地方特点培养专门人才，为地方经济社会发展充分发挥智力资源优势，促进并带动地方区域经济的快速发展。

③在国家经济社会整体发展上，大量设立在非中心城市的普通高校，提高了教育效率，缓解了高等教育长期不均衡的态势，为地方区域培养了大量专门人才，促进了地方区域的经济社会发展的同时，也促进了国家整体经济社会的发展。

④在中华民族融合和社会稳定上，本科院校，特别是位于边疆少数民族地区的本科院校，通过面向地方、服务地方，不断促进民族团结，在政治和文化上增强了中华民族的融合，在维护和保持社会稳定上发挥了重要作用。

此外，以理工、农、医等学科为主的本科院校的自主创新能力在不断加大，成为推动我国创新发展的重要力量。

第二节　本科院校人才培养模式的演进

一、高等教育人才培养模式的演进

（一）专业教育人才培养模式

20 世纪 50 年代初，在国内外复杂的环境下，在苏联的指导下，随着中国人民大学的成立和哈尔滨工业大学的改造，中国高等教育向苏联学习的序幕已经拉开。1954 年，两所大学办学成果得到认可，随后高等教育部制定《全国高等院校调整计划》，以"培养工业建设人才和学校师资力量为重点，发展专科院校，整顿和加强综合大学"为调整方案。在此方案的指引下，我国高等教育也基本形成了综合性大学、多种高等工业大学及单科性专门学院的三种目标明确的学院，从而奠定了我国高等院校的布局，即所谓的"专才"教育。由于专业分科过细，至 1957 年，我国院系已扩大到 323 种，其中理工科占到 204 种。通过对高校院系的布局，我国高等院校为国民经济发展提供了大量的专业人才，也为中国高等教育勾勒了基本框架。

该时期人才培养模式以专业为中心，通过对培养目标和人才培养方案的统一设定来培养专业人才。此时，各高校在课程设置上，过于强调单一化，理工分科；专业设置方面，强调专才的培养，人才培养类型与社会各行业的具体岗位相匹配；在教育功能上，强调教育的政治性与工具性；在人才培养上，为了杜绝学生偏离劳动，忽略政治思想，对教育进行了改革。其具体表现为兴办工厂，学生进厂劳动；修改教学计划，把生产劳动作为必修课，加强实践活动，聘请生产能手授课，实行按生产过程组织教学，将生产与科研有机地结合在一起。此时高等教育已不再是单纯的培养一个人，而是为社会的各行业批量生产劳动者。

（二）专通相结合的人才培养模式

随着改革开放步伐的迈进，中国学者开始向美国学习考察。在惊叹于美国经济发展水平与我国差距巨大之时，他们也逐渐意识到了经济发展的关键在于科研与教育。邓小平同志于 1977 年前瞻性地指出："我们要实现现代化，关键是科学技术要能上去，发展科学技术，不抓教育不行。"同时，他还发出了"尊重知识、尊重人才"的口号。自此，中国高等教育掀起了改革的序幕，奏响了改革的乐章。

　　首先，在全国范围内掀起建设重点大学的浪潮，确定了科学研究在高校的核心地位，即确定了大学既是教育又是科研的两个中心。两个中心的确立是我国高等教育发展的必然要求，这对高校学术水平的提高和科研实力的增长产生了巨大作用。

　　其次，调整高等教育结构，提高大学的办学质量。中国学者通过赴美考察研究，提出了"大学结构要综合化的主张"，并通过反复研究美国大学的成功经验，针对学生知识面过窄、课程设置僵化问题，成功完成了本科专业目录的修订，使得文理科知识相互融合、渗透，拓宽学生的知识面。

　　最后，借鉴美国大学的学分制与大学评估方式。19世纪末，美国哈佛大学首创学分制，这是以选课为核心，通过绩点和学分来评价学生学习质量的教学管理制度，被众多学校所采用，我国也于1983年全面实行。值得一提的是，我国学分制与美国通识教育及苏联培养专家不同，而是两者兼有，以专通结合，以专为主的培养模式。随后在社会主义现代化建设时期，我国高校进入了建设高水平大学阶段。高校在借鉴"现代大学制度"的建设中，寻找高校与国家价值的统一，不断拓宽高校办学的自主权，强调高校的社会职能，以培养更多适应国家发展需求的专通相结合的高水平人才。该时期高校的具体情况如下。

　　①通过实施高校的扩招政策，使高等教育大众化。这个政策的实施，使高等教育规模迅速扩大，入学率逐年攀升。

　　②为了适应高等教育发展的潮流，提出了"多元化巨型大学"的口号，通过合并单科性院校，使高校规模逐渐变大，从而克服了学生知识面过窄、能力局限的缺点，提高了高校资源的利用率。

　　③通过借鉴西方现代大学"依法自主办学，实行民主管理"的制度，我国逐渐形成了中央两级政府办学为主，社会各界参与的新局面。这提高了高校面对社会自主办学的积极性和为地方经济发展服务的能力。

　　④为了早日实现创办一流大学的目标，20世纪末，我国提出了"211工程"和"985工程"，旨在通过对少数大学人才培养、科技创新、队伍建设和国际合作等方面的投入，加速世界一流大学的建设。这种以点带面，以少数带动整体发展，提高了高校的学术水平，促进整个高等教育的全面发展。

　　⑤在借鉴美国通识教育的基础上，提出了"以人为本"素质教育的口号。针对片面狭隘的教育缺陷，把人才培养由传统的知识能力的教育模式转变为素质、知识、能力三者结合的全面发展的教育模式。在课程设置方面将"人文、社会、自然"三大模块加入了公共选修课程，以提高学生的综合素质。

　　⑥通过借鉴美国大学的社会职能，提出了产学研联合体，促进科研成果的

转化，凸显了社会服务职能。时至今日，大学科技园无论数量上还是形式上都展现出一片生机勃勃的景象。

⑦随着中国开放大学和中外合作大学的成立，我国高校在办学形式上呈现多元化势头，其办学宗旨都是为了提高人才的综合素质，为社会培养更多创新人才。

(三) 创新人才培养模式

2014年6月9日，在中国科学院第十七次院士大会上，习近平总书记强调："中国科技发展的方向就是创新、创新、再创新。"2015年3月5日，全国人民代表大会开幕当天，习近平总书记说："人才是创新的根基，创新驱动实质上是人才驱动。要择天下英才而用之，实施更加积极的创新人才引进政策。"创新不仅是一个民族的灵魂，还是一个国家繁荣富强的强大驱动力。创新精神不是少数人所有的特质，"创新是人所普遍具有的潜能"，而"教育的功能就是在于使这种潜能转化为现实的创造力"。高校作为科技兴国的主力军，现已成为培养创新型人才的孵化箱，肩负着通过教学激发学生创新的职责。构建创新人才培养模式不但能够推动科学技术的创新，而且能够推动生产力的稳步发展，对我国经济的发展具有积极作用。在建设创新型国家的背景下，创新人才培养就成为我国高等教育亟待解决的关键问题。

借鉴国外高校创新人才培养模式的有益经验，构建具有中国特色的、层次多样的个性化创新人才培养模式，不仅具有重要的理论价值，而且具有十分突出的现实意义。该时期人才培养模式凸显创新，强调突出学生的个性、特长和特点，注重因材施教。"无论什么样的教学方法、改革措施，都不可能违背因材施教的原则。"由于科技的进步，全球化特征日益明显，学校不再扮演以知识传播为主的角色，而是通过知识的传授来实现学生的全面发展。构建这一模式的根本目的是培养创新人才。现阶段，我国高校的培养目标是培养德智体等全面发展、知识面宽、基础扎实、能力强、具有创新精神的高素质拔尖人才。因此，高校创新人才培养模式设计总体应遵循"强化基础、拓宽专业、突出创新能力"的原则，以"创新"为重点，全面调动学生的创造力，注重个性发展，最大可能挖掘学生的创造潜力。

二、应用型本科人才培养模式演进

在我国，"应用型本科"作为一种高等教育类型是一种尚在探索中的新概念。在国内，第一次完整提出"应用型本科"概念的是龚震伟于1998年在《江南论坛》第 3 期上发表的《应用型本科应重视创造性培养》一文。该文提出应用型本科人才要具有创新意识和能力。

随着我国高等教育大众化的发展，高等学校人才的培养目标逐渐开始重新定位。对于新建本科院校和独立学院而言，培养具有自身特色的人才成为生存与发展的关键。

（一）产学研人才培养模式

产学研人才培养模式是学校与企业分工协作，理论教学以学校为主，技能培训和实践教学以企业为主，这种模式主要是在借鉴德国的双元制模式的基础上逐步形成的。这种模式有利于学生将所学知识尽快运用到实践中，有利于学科专业建设，是应用型大学与相关企事业单位合作培养学生的重要方式。这样做有利于学生尽早了解生产的实际和要求，有利于学生动手能力的提高，从而使他们尽快进入岗位角色。从长远来说，这种模式有利于学生一生的职业生涯设计。产学研结合的方式有多种，如应用型大学的法学专业应当与地方法院和地方企事业单位结合，新闻专业和地方的宣传媒体结合，金融专业与地方的银行结合，旅游专业与地方旅游结合，档案专业与地方档案馆部门结合等。有了这种结合，应用型大学的人才培养就有了依托和强大的后盾，人才的质量也会大幅提高。

（二）以市场需求为导向的人才培养模式

以市场需求为导向的人才培养模式是指以提高毕业生就业率和就业质量为目标，以市场所需要的人才素质为出发点和归宿，建立的与社会就业价值取向相适应的一种人才培养模式。这种培养模式建立在校企双方相互信任、紧密结合的基础上，就业导向明确，企业参与程度深，能极大地调动学校、学生和企业的积极性，提高人才培养的针对性和实用性，实现学校、用人单位与学生的三赢。目前，此模式是我国应用型大学人才培养模式改革的新热点。

（三）I 型的应用型本科人才培养模式

应用型人才应更注重专业课程，基础则以够用为度。所以在这类学校的课程体系中，通识基础、专业基础和专业课程三者的比重相差无几。因此，这种课程体系犹如一根柱子，也可用一个大写的英文字母"I"表示，称为 I 型课程体系。

（四）T 型的应用型本科人才培养模式

T 型人才培养模式体现了确保核心能力，突出专业实践能力的原则。"T"

上面的"一"，表示学生作为社会人一般能力和基本素质的横向拓宽，以增强毕业生对社会的适应性，"T"下面的"｜"表示专业能力的纵向深化，且特别强调专业实践能力，以加强毕业生就业的针对性。

第三节　本科院校应用型人才培养改革的相关维度

一、本科院校应用型人才培养目标

人才培养目标是对把人塑造成什么样的人的一种预期和规定，体现着一系列思想观念，它规定着教育活动的性质和方向，且贯穿于整个教育活动过程的始终，是教育活动的出发点和归宿。人才培养目标是一个体系，由不同层次的培养目标组成。

（一）国家层面

国家层面的人才培养目标，是国家在宏观层面对高等学校人才培养目标的基本规定，在我国主要通过《中华人民共和国高等教育法》来规定。《中华人民共和国高等教育法》首先对我国高等教育的总体培养目标做了明确规定："高等教育必须贯彻国家的教育方针，为社会主义现代化建设服务，与生产劳动相结合，使受教育者成为德、智、体等方面全面发展的社会主义事业的建设者和接班人。高等教育的任务是培养具有创新精神和实践能力的高级专门人才，发展科学技术文化，促进社会主义现代化建设。"这就说明，不管是什么类型的高等教育，也不管是什么层次的高等教育，只要举办高等教育，它所培养的人才就必须达到以上最基本的标准。这是高等教育在人才培养目标方面的共性要求。

《中华人民共和国高等教育法》对高等学校人才培养目标的总体规定，以及对本科教育培养目标的基本规定，是不同类型本科层次人才培养都应该遵循和达到的基本要求，不管是学术型本科人才，还是应用型本科人才。所以，从这一点来说，应用型本科人才首先应该是具有创新精神和实践能力的高级专门人才，能够比较系统地掌握本学科、专业必需的基础理论、基本知识，掌握本专业必要的基本技能、方法和相关知识，具有从事本专业实际工作和研究工作的初步能力。

（二）学校层面

学校所培养的人才基本上可以分为学术型人才、应用型人才与技能型人才三种，每一种类型的人才又可以进一步细分。高校首先应该确定学校主要培养哪一类人才，是学术型人才、应用型人才，还是技能型人才；然后再根据学校的办学特色，进一步细化学校人才培养目标。应用型本科院校以培养应用型本科人才为主要目标。

（三）学科专业层面

专业层面人才培养目标是学校人才培养目标在专业层面的具体落实，能直接指导人才培养活动。在学校确定了具体的人才培养目标之后，必须把它落实到每一个专业当中，因为专业是目前高校人才培养的基本载体。因此，专业培养目标首先要符合所在院校的整体人才培养目标定位。同一个专业在研究型大学、应用型本科院校与高职院校中的人才培养目标是不同的。专业人才培养目标不仅要符合所在院校的整体人才培养目标定位，更要体现学校的发展特色与专业特色。

应用型本科人才培养目标涉及不同的层面，既要遵循《中华人民共和国高等教育法》和相关专业教学指导委员会对该专业人才培养的基本要求，也要与所在院校的整体人才培养定位保持一致，并要具体落实到专业上，切实体现出学校的办学特色与专业发展特色。

二、本科院校应用型人才培养理念

高校人才培养理念即高校办学理念，是办学者对学校发展的理性认识、理想追求，对办学全局具有统领性作用。潘懋元指出，大学的理念必须在其办学过程中切实有效。我国特色鲜明、核心竞争力较强的大学，都有着独特、先进的办学理念。好的办学理念能有效指导办学实践、弘扬大学精神、正面影响人才培养，对全校师生产生激励作用，变成全校师生的坚定信念和自觉行动，从而推动大学办学特色的形成，进一步强化和提升大学的核心竞争力。

关于大学办学理念，王英杰指出，大学要有服务意识，第一要为学生服务，坚持人本主义的哲学理念，使学生获得全面发展；第二要为社会经济发展服务，创造并管理知识，引导社会和经济的发展。

本科院校要注重坚持"校地互动、特色发展"的发展理念。"校地互动"需要本科院校与地方企业组织之间建立一种合作关系，这种合作关系其实是一种紧密的资源交换经济关系，根本上是通过交换获取本科院校的知识成果、精神价值、人力资源和社会效益，从而实现价值最大化。"校地互动"的形式是多样的，在人才培养上，可以通过高校与区域政府、行业、企业的对接和联合培养，增强人才培养的针对性和适用性；在科学研究上，可以通过协同解决区域政府、企业的现实问题，为学校获得更多的经费和更好的声誉。

本科院校不仅要面向地方，也有要有国际视野，要加强对高等教育国际化的研究、宣传与讨论，使高等教育国际化成为校内各级领导和全体师生的共识。本科院校要确立具有国际意识的办学思想和办学思路，在制订学校发展规划、学科建设和队伍建设规划的同时，注意制订相应的国际交流和合作规划，以发展课程国际化为重点，推动教育思想和教学方法的改革，注意借鉴国外先进的办学理念、管理模式和经验，深化校内体制改革，积极加强国际学术与师资乃至学生间的交流，促进国际合作办学。

当前全球高等教育呈现出国际化发展的趋势。为推动高等教育国际化，增强我国高等教育的国际竞争力，本科院校可以在以下几方面做出努力。

一是，学生培养国际化。包括派遣学生到国外留学和接收留学生来校学习，使培养的人才更加具有国际竞争力。

二是，教师和研究人员学习培训国际化。包括学者访问和学术交流，有助于对共同关注的问题进行交流与解决，缩短各国在教育、科技之间的差距，促进国际社会间的文化融合，推进全球一体化的进程。

三是，课程国际化。包括增设相关专业的"国际课程"，切实有效推进相关专业的"双语教学"等。

三、本科院校应用型人才培养规格

应用型本科人才培养规格，大多从知识与能力两个方面进行论证，要考虑应用型本科人才培养规格的共性要求，但更要考虑具体专业的个性差异。

（一）应用型本科人才培养规格的共性要求

应用型本科人才培养规格的共性要求，是指不管什么专业，不论具有什么专业特色，只要定位于培养应用型本科人才，就应该具备的知识、能力与素质要求。

1. 知识要求

在知识、能力、素质三个基本要素中，知识要素是基础性要素，它从根本上影响着能力要素和素质要素。能力是知识外化的表现，素质则是知识内化的结果。本科教育的过程，实际上就是教育者通过一系列的具体课程将知识传授给学生，并经学生主动构建形成一定知识结构的过程。知识的广度和深度从根本上影响着知识的结构形式。知识结构不同，能力结构和素质结构也就不同。应用型本科人才应掌握工具性知识（外语知识、计算机知识、信息技术应用和文献检索知识、方法论知识等）、人文社会科学与自然科学知识（人文社会科学知识、自然科学知识）、专业知识（专业基础知识、专业方向知识）以及相关学科专业知识。

2. 能力要求

在知识、能力与素质三要素中，能力要素是核心要素。从教育的角度看，能力是知识追求的目标。学习者并不为知识而学习知识，学习知识的根本目的是获得能力和提升能力。知识是死的，能力是活的。一个有能力的人可以在一定的知识基础上进一步获得知识和创新知识，并在这一过程中促进其综合素质的全面提升。能力水平是评估人才价值的主要尺度，应用型本科人才应具备专业应用能力和关键能力。

3. 素质要求

素质是指把从外在获得的知识、技能内化于人的身心，升华形成的稳定的品质与素养。高素质不仅可以使知识和能力更好地发挥作用，还可以促进知识和能力的进一步扩展和增强。素质要求是一个综合性概念，既包括思想道德素质和文化素质，又包括专业素质，既包括身体素质，又包括心理素质。应用型本科人才不仅应该具有良好的公民道德，具有合格的思想政治素养，具有良好的身心素质，具有基本的人文、科学素养，还要具有良好的职业素质。

（二）应用型本科人才培养规格的具体要求

应用型本科人才在知识、能力与素质方面有一些共性要求，但由于专业与专业之间培养目标不同，在知识、能力与素质方面的要求也必然有所不同。另外，同一个专业在不同类型院校的培养目标不同，也导致专业培养规格的不同。因此，对应用型本科人才培养规格的讨论，必定要落实到具体的专业当中。专业与专业之间培养规格的差异，人们比较容易理解，因为专业性质不一样，要求肯定不一样。但在人才培养实践中，不同院校对同一专业具体培养规格的差异并没有清晰的认识，很容易出现形式化与雷同问题。

目前，多数教育部专业教学指导委员会也没有对专业培养规格进行分类指导。但也有一些专业教学指导委员会对专业培养规格进行了分类指导。以自动化专业为例，自动化专业教学指导委员会对"研究主导型""工程研究应用型"和"应用技术主导型"的具体培养规格有明确的、不同的要求。不仅如此，自动化专业教学指导委员会还从知识、能力与素质结构三个方面对三类不同专业的具体要求程度进行了细化。以专业知识要求为例，三类专业所要求掌握的专业知识的范围与程度是不同的。

在办学实践中，不同院校根据所在院校及专业的培养目标，也分别制定了比较符合实际的、有特色的、切实可行的、具体的培养规格。

四、本科院校应用型人才培养特色

大学办学特色是大学长期发展过程中形成的显著特征，是社会公认的、持久的和稳定的，且是别的大学模仿和复制不来的。鲜明的办学特色是我国大学适应经济体制转型的客观需要，是我国高等教育大众化发展的客观需要，也是我国大学自身发展的内在逻辑。大学办学特色的表现是全方位和立体的，如师资水平、学科专业、学风、校风等。具有鲜明的办学特色是世界一流大学或世界知名的国内一流大学的必备条件和重要特点。

异质性是大众化高等教育体系的核心特征之一，若高校在高等教育大众化阶段发展模式单一、没有自身的办学特色，则很难实现长足发展。大学可以通过保持和不断巩固自身的办学特色来规避同质化竞争，建立学校的差异化优势。建立其他学校难以复制和替代的优势，就可以不断巩固和提升自己的核心竞争力，实现良性的长足发展。朱清时指出，一流大学不在于大或者全，而在于有特色，并且把这种特色发挥到极致。有的世界知名的大学虽然办学规模不小，但是其竞争力不是来自其规模，而是源自办学特色。

随着我国高等教育从精英教育进入大众教育阶段，我国高校在激烈的竞争环境中，越来越重视特色发展，高校越来越意识到错位竞争、发展比较优势、培育大学个性的重要性，开始着力发展自身特色。办学要有特色，特色办学成为很多高校的共识。同时，面对激烈的国际高等教育竞争形势，高校也必须强化办学特色，提升核心竞争力，只有这样，我国高等教育的国际竞争力才会不断增强，我国的高等教育才可以达到或接近世界一流大学水平。

第四节　本科院校应用型人才培养改革的相关措施

一、树立终身教育的人才培养观

当今社会，人类的各项活动对信息技术的依赖性逐渐增强，呈现出信息资源快速高效传播并被大量利用的特征。这种特征的呈现使得知识更新速度加快，大学的一次性学习不能满足未来工作的需要。这就需要高校树立新的人才培养观念，改变传统高等教育中过分强调以知识传授为中心的教学方式。

在如今的信息社会中，掌握知识的多少已经不再重要，重要的是获取知识的能力。随着经济社会的发展、科技的不断进步，个人对工作选择的自由度逐渐加大，职业和岗位的变动频次呈现增长的趋势。这种职业与工作和岗位变动的结果必然导致一些学生走向专业工作领域后，所从事的工作可能与高校中所学的专业知识完全不同。这种情况的存在也就需要我们高校改变现有的人才培养方式，使培养出的学生能够适应未来人才市场、未来职业与工作岗位不断变换的要求。

因此，在这种背景下，我们的教育需要构建适应信息社会发展要求的终身教育体系，从以教师为中心向以学习者为主体转变，培养学生终身学习的能力。只有这样，学生才能适应瞬息万变的社会。信息技术改变了原有的信息传播方式，使得人们获取知识的途径更加多元，学习形式更加灵活多样，从而使得教育终身化的实现成为可能。这种终身教育的观念逐渐成为信息化时代人们所普遍接受的一种新观念。

二、构建人才培养的"专业导引"系统

我国人才培养是以专业为基本单位来进行的，高校许多学生对自己所学专业并不是十分了解。在进入大学前，许多学生把更多的时间和精力放在学习上，他们对高校各专业的性质及未来走向不甚了解，对于自己的兴趣与志向没有太多的时间去思考，也无能力去把握。在填报志愿时，他们更多的是听家长、班主任的意见，或者从众报考。因此，我们利用信息技术，构建专业导引系统，能帮助学生认识了解高校各学院及专业概况，熟悉自己所学专业的人才培养目标、课程的设置、就业方向、就业现状以及如何更好地学好本专业等，及早树立专业意识、专业思想，激发学生良好的学习兴趣和学习动机等。

作为人才培养改革的决策者和具体实施者的院系，作为专业导引教学任务的直接承担者的教师，在利用信息技术平台进行专业导引的过程中，有必要结合本专业特点，制订适合本学院发展的专业导引方案，再通过必要的答疑，引导学生根据学校专业教育情况及个人发展的要求，利用大学良好的教育环境，规划好自己的人生，不断完善自己的知识结构、能力结构和素质结构。

三、优化人才培养的课程体系

信息化背景下要求高校能够培养具有较强主体意识的学生，能够为学生提供更多可供选择的课程体系。为了让信息技术更好地促进课程教学改革，我们要在弹性学习理论的指导下，以现代信息技术为基础，改革传统的、刚性的、

不可选择的人才培养方式，建立以学生为中心的弹性课程体系与学习制度。弹性课程体系与学习制度中最核心的思想就是：在设计弹性课程时，要有以学习者为中心的课程设计理念，设计的课程具有较强的弹性与可选择性；具有以模块化为基础的知识整合与知识建构模式。

对于应用型人才培养来说，理论知识与专业技能学习的最终落脚点是实践，是在具体的行业与岗位中发挥价值。社会经济不断发展，知识与信息指数式增长，行业技术不断更新，这要求地方高校在制订培养计划时，适时更新专业知识和专业技能等教学内容，更新对学生实践能力的发展要求。教育管理者要亲近业界，走进企业，对技术的更新迭代保持较高的敏感性，并及时反馈到教学运行中。教材的编写也应与时俱进，将行业关键核心知识与技术纳入其中。教师在理论讲解与实践指导中，要理论联系实际地组织和运用教学内容。同时，教师还可以将最新的研究热点融入教学，与学生分享最新的研究发现和研究成果，并共同探讨理论与技术研究中尚未解决的问题，启发学生思考。对于每一届新学生，教师都应当根据学生特点与行业发展状况，重新组织教学内容，制作新课件。教师自身应该密切关注新技术发展，积累教学案例，不断拉近学校教学与岗位实践的距离，使学生毕业后能够快速适应工作岗位，学以致用。还应适时更新应用型人才培养教学内容，以利于培养学生理论联系实际的能力、工作岗位的适应能力，从而提高专业实践能力。

首先，应适当增加一些实践性课程，强化理论联系实际。实践课程与教学对应用型人才各项能力培养的重要性已经不言而喻，要充分改变课程体系重理论轻实践的倾向。调查发现，学生对学校开设的实践课程满意度较低，实践课程对应用型人才能力培养的成效不足。加强实践课程的开发和实施效果的监控是当务之急，地方高校务必要十分重视。

其次，应开设数量充足、质量较高的通识教育与跨学科课程，以满足应用型人才综合实践能力培养的需要。应明确通识教育与跨学科课程的教学目标与教学方法，通过组建跨学科教学团队、实验团队、实践团队，打破学科体系与院系分割的局面，为学生提供跨专业、跨学科的学习机会。

最后，应重视第二课堂的地位，充分发挥它们在培养学生良好的工作观念、合作能力与实践能力方面的作用。例如，组织学生参加学科竞赛、技能竞赛与职业竞赛，鼓励学生积极参与社会服务与社会实践。

四、拓展人才培养途径

信息化背景下的高校人才培养对传统的教学方式提出了挑战，教师不再是知识的垄断者和权威，不再是信息的中心源，学生所获得的信息很可能超出教师的知识水平。这就意味着教师必须转换角色，由原来的"教"的角色转变成"导"的角色，在教学中更多地充当学生学习的引导者、支持者或合作者。教师的大量工作将由课堂上的知识讲授变成了课前的教学过程设计、教学软件制作、教学活动策略的选择，课中的导学演示，课后的教学信息反馈和教学策略调整及教学效果的进一步优化等。

在这种思想的指导下，我们开展了教师教学方式与学生学习方式的改革实践，创导了"混合式教学"，使实体课堂教学和网络在线教学能够有机结合，打破教学时空，丰富教学形式，拓展教学资源，提高了教学效率，弥补了由于知识激增、课时缩短而带来的教学问题，满足了某些学科和课程的特殊需求，帮助传统课程摆脱了教学中遇到的一些困境。

五、加强双师型师资队伍建设

双师型师资队伍在应用型人才培养中发挥着重要的作用。在应用型人才培养中，教师本身需要了解行业发展形势，需要对行业标准等有深刻的理解，才能教会学生如何在实践中增长各项能力。

首先，要完善"双师型"教师的认定标准。对于什么是双师型教师，其知识、能力、素质结构如何，目前尚未有统一的定论。在这种情况下，无论是培养现有教师还是引进企业导师，都带有一定的盲目性和不确定性。

其次，要引育并举地壮大双师型师资队伍。"引"是指从地方高校外部引进优秀的双师型师资，尤其是企业技术专家、管理人员，他们拥有丰富的实战经验，在案例教学、实践教学中更加鲜活，贴近行业发展实际。但是从企业引进师资需要大量的资金和政策的支持，因此部分条件尚不完善的高校，可以着力加强"育"，激发原有教师的活力。可以鼓励教师到企业中去锻炼，并给予他们在职称晋升、工资绩效方面的政策支持。

此外，要及时总结教师到企业中的培养效果，发现和分析其中存在的阻碍与问题，从而改进培育双师型教师的途径。

六、构建多元化评估体系

信息技术的发展和广泛应用，使得考试的载体发生了革命性的变化，越来越多的考试可采用信息化的手段进行，比如 CRE、TOEFL 等在线考试等。由于信息化考试手段具有能够随机组卷、随时考试，简单易用、安全稳定、快速高效等特点，有利于弥补传统教学中对学生纸质考试评价方式的弊端。在具体的教学中，我们已将信息化的考试手段用于部分课程的教考分离、公共基础课的分层教学、部分课程新题型的开发等。因此，当信息化的考试手段在教学中得到恰当应用时，对激发学生的学习兴趣，提高学生的学习热情，及时了解教师的教学质量、掌握学生的学习情况，满足现代社会对人才培养的需求具有重要的现实意义。

第三方评估机构指独立于学校和政府，采取专业技术与方法对学校的办学水准、教学质量做出客观性评估的机构，其独立于政府、学校、企业，为三者提供教育咨询与服务，有利于保障评估结果的准确性。首先，第三方评估机构应该从院校的各项事物中落实，对院校应该有充分的了解，基于此，制订出有针对性的评估方案。其次，第三方评估机构应积极参与学校人才培养的评价，在评价中，要客观中肯地考察人才的培养结果。再次，政府或行业组织的第三方质量评价，要对校企合作承担一定的评估，并要不断修改与完善，引导和规范其正常发展。最后，政府或行业协会可以成立考核委员会，该组织由三方代表共同组成，在组织中，企业和地方院校代表人数一样并要有一名行业专家和技术骨干，以此保证评估的公平与公正，从而更加客观地评价学校与企业合作的质量。

应用型人才评估体系对于推动教学体系改革具有重要的意义，评估主体以及评估方式是人才评价体系非常重要的两方面，因此要大力完善。

第一，评价主体要多元。参与评价的主体主要有学生、学校、市场，所以参与的这些主体要尽可能多元，且要充分施展企业行业在评价中的重要作用，保证评价的最终结果不偏袒任何一方。另外，评价不仅是教师和学生作为评价标准，还要加入学生自己、用人单位以及社会等各方面的评价。

第二，评价方式要多元，更要灵活而多样。因此应依据不同的环境、要求以及目标，采用多种评价方法，把绝对评价和相对评价结合。

第三，评价标准要客观全面。应依据本科的特点设置评价标准与权重，尽量保证公平客观，并在发展中及时发现弱点和不足，便于有针对性地加以改进。

随着我国由传统的工业技术社会向现代信息技术社会的转变，我国已形成的教育思想、教育理论和教育方法受到冲击，教育在许多方面发生变化，哪些是合理的、进步的，哪些是不合理的、落后的，这都需要我们用科学发展的眼光在即将形成的信息技术平台上探索人才培养模式产生的新规律、新思路、新模式。

参 考 文 献

［1］ 向梅梅，刘明贵．应用型本科高校实践教学研究 [M].广州：暨南大学出版社，2011.

［2］ 夏季亭，帅相志，宋伯宁．普通高校本科教学评估成效与改革取向 [M].北京：科学出版社，2012.

［3］ 陈武林．高校本科专业教学质量标准：复杂性理论视角 [M].广州：广东高等教育出版社，2015.

［4］ 赵树果．高校本科教育教学管理研究与进展 [M].武汉：武汉大学出版社，2015.

［5］ 杜才平．地方性本科高校教学建设与教学质量标准体系构建 [M].长春：吉林大学出版社，2015.

［6］ 边文霞．中国高校本科课堂教学模式变革与教学效果实证研究 [M].北京：首都经济贸易大学出版社，2015.

［7］ 钟凯凯．地方高校本科教学评估中的组织化动员 [M].北京：海洋出版社，2016.

［8］ 王忠政．信息技术与地方高校本科教学深度融合的研究 [M].广州：暨南大学出版社，2016.

［9］ 丁家云，瞿胜章，艾家凤．应用型本科高校教育教学研究 [M].合肥：中国科学技术大学出版社，2016.

［10］ 张宝秀．地方本科高校文科专业群综合实践教学研究 [M].北京：北京师范大学出版社，2017.

［11］ 杨洋．高校本科教学的生态系统构建研究 [M].北京：中国社会科学出版社，2018.

［12］ 张琈玡．应用型地方本科高校教师教学能力发展研究 [M].长春：吉林大学出版社，2019.

［13］ 董晓红．地方应用型本科高校实践教学体系研究 [M].北京：经济科学出

版社，2020.

［14］孙皓.信息技术与高校本科教学融合发展现状述评 [J]. 现代商贸工业，2017（35）：146–147.

［15］钟安石，孙颖.区域应用型本科高校校企合作模式研究 [J]. 教育现代化，2017，4（39）：104–106+109.

［16］盛晓颖.应用型本科高校教学管理信息化改革途径分析 [J]. 智库时代，2019（14）：297–298.

［17］钱峰."互联网 +"背景下地方本科高校课堂教学策略研究 [J]. 长春大学学报，2019，29（08）：111–113.

［18］孙士生.地方本科高校教师信息化教学能力提升的有效机制研究——以临沂大学为例 [J]. 教育现代化，2019，6（79）：150–151.

［19］许淋萍.基于成果导向的应用型本科高校混合式教学模式构建 [J]. 教育观察，2020，9（42）：97–99.

［20］沈新建.应用型本科高校教师实践教学能力提升研究 [J]. 内蒙古财经大学学报，2020，18（06）：53–55.

［21］曾习，赵斌.应用型本科高校教师核心能力的调查和思考 [J]. 上海教育评估研究，2020，9（05）：69–73+79.

［22］欧阳建超.供给侧理论视角下民办本科高校师资人才建设 [J]. 人才资源开发，2020（20）：15–16.

［23］方霞.应用型高校提升本科教学质量路径研究 [J]. 天津中德应用技术大学学报，2020（05）：27–32.